Una Transformación al Amor

Dra. Anissa V. Hernández

Edición: Damarys Reyes Vicente, dreyesvicente@gmail.com
Diseño Gráfico: Lord & Loly Graphics Designs, www.lordloly.com
Fotografías: Saúl E. Cedeño Betancourt, sefir.photography@gmail.com
Ilustraciones: Luis Córdoba, bertografico@gmail.com

ISBN: 978-0-9850724-1-4

A TODOS LOS HÉROES Y HEROÍNAS

QUE HEMOS SOBREVIVIDO

AL MALTRATO INFANTIL.

EL CREADOR NOS ESTÁ DANDO,

A CADA SEGUNDO,

LA OPORTUNIDAD DE SER FELICES

Y DE RESURGIR AIROSOS

DE LAS CENIZAS COMO EL AVE FÉNIX.

AGRADECIMIENTOS

Mis más sinceros agradecimientos a los doctores Alfonso Martínez Taboas, Patricia González (Q.E.P.D.), Lis Milland, y Janice Calderón. Ellos me brindaron tiempo de su cargada agenda de trabajo para orientarme y colaborar mano a mano conmigo en este proyecto. El Dr. Martínez Taboas y la licenciada Patricia González (de Buenos Aires, Argentina) pusieron a su disposición sus conocimientos acerca del acoso moral y abuso sexual. Con su vasta experiencia clínica me asesoraron en la revisión de la literatura para este libro y en la escritura del prólogo. Janice, junto con Lis y Patricia, fueron de gran estímulo para, finalmente, quitarme la mordaza emocional. Me enseñaron a ser portavoz de los sobrevivientes de abuso sexual para darles un mensaje de esperanza, poder y libertad.

Agradezco a mi familia, especialmente a mis hermanos Raymuel y Ariel por su apoyo moral, sus consejos, y las veces que me escucharon con paciencia y me confrontaron para que viera que tenía una vida real y hermosa (más allá del dolor) que esperaba para que yo la abrazara: mi libertad de pensamiento. A mis cuñadas, Yazmín y Rebecca, por sus palabras de aliento y estímulo para que este sueño se cumpliera. A papi y a mami por escuchar mis reclamos, mis corajes y mis momentos de ira y, finalmente, por aceptar trabajar con esta problemática de la mano del Todopoderoso. Sé que ustedes hicieron todo lo que tenían a su alcance, con los escasos recursos que contaban en aquel entonces. ¡Estoy muy orgullosa y agradecida de que me hayan dado la vida!

Las dos personas que voy a mencionar a continuación fueron dos ángeles que Dios puso en mi camino para que se culminara de gestar mi bebé intelectual. Ellos son el Sr. Saúl Cedeño y la Srta. Claudia Padilla. Saúl, a través de las fotos en la playa que me tomaste, volví a ser niña otra vez. Sentí libertad en mi alma con cada sonrisa que me hacías sacar con tu mirada, tu sentido del humor y todo el amor que depositaste en tu trabajo. Fuiste más allá de tus fotografías y te convertiste en vehículo para expresar el mensaje que quería expresar en este libro. Claudia, prima, además de colaborar con el diseño gráfico, me diste todo el apoyo moral que necesitaba. Llegaste en el momento justo que necesitaba una gran amiga y un oído que me escuchara sin prejuicios.

Siento el deseo de mostrar gratitud a la Srta. Yaritza Báez, mi secretaria, quien me ha ayudado en la edición de este libro, con la búsqueda y organización de referencias y revisión de literatura. La Sra. Damarys Reyes colaboró directamente con la redacción y edición de este libro. El Sr. Luis A. Córdova fue quien realizó el arte gráfico. La Sra. Carmen Castelló Ortiz y la Sra. Miosotis Bonilla, ambas trabajadoras sociales colaboradoras del grupo cibernético en la red social **Facebook** *Sobrevivientes de Abuso Sexual en Puerto Rico*, brindaron datos estadísticos recientes de abuso sexual en la isla para que este libro pudiera tener una información más actualizada. Cada uno de ellos puso su corazón en este proyecto. Mi más grande gratitud hacia ellos.

A todos mis pacientes les doy las gracias, desde lo más profundo de mi corazón, por ser la motivación para hablar abiertamente acerca del tema del abuso. Ustedes son gran parte de la razón de la existencia de este libro.

RESEÑA

En mi carrera de 30 años como Psiquiatra y casi
10 como Neuropsicofarmacóloga e investigadora
clínica, he tenido el privilegio sagrado de conocer
los factores psicológicos, físicos y espirituales que
modulan al ser humano. Los eventos y experiencias que
marcan a cada uno va a definir su forma de pensar, estilo de
vida, sus enfermedades y su felicidad. Esto me ha llevado
a conocer un mundo de profesionales y amigos(as) de
distintas partes del mundo desde donde he tenido el gusto
magnánimo de aprender de ellos(as) y de poderles transmitir
mis conocimientos.

Un jueves en la noche, a principios de agosto de 2011,
finalizaba una presentación que ofrecía a colegas psiquiatras
y, mientras cenaba con ellos, comencé a dialogar con la Dra.
Anissa Hernández. Ella me informó que había escrito un
libro que pronto sería publicado. Me alegré muchísimo ya
que hay mucha necesidad de que profesionales se dediquen
a tan arduos e intensos proyectos que tengan el fin de servir
y ayudar a quienes aún no se atreven a buscar ayuda por
razones como la vergüenza, los estigmas y el "qué dirán".

Conozco a la Dra. Anissa Hernández en lo personal y en
lo profesional por más de diez años, desde que era residente
del Departamento de Psiquiatría en el Recinto de Ciencias
Médicas, de la Universidad de Puerto Rico. Por ende, mi

entusiasmo y alegría se combinó con admiración cuando me contestó la siguiente pregunta: "¿Cuál es el tema del libro?" Y me dijo que es sobre el abuso sexual y cómo ella entendía que a través de su libro podía ayudar, con sus conocimientos y experiencias adquiridas, no tan solo como psiquiatra sino como víctima de tal suceso. Hay que alcanzar un nivel de sanación y transformación, a tal grado e intensidad, para realizar un proyecto que requiere enfrentar el dolor propio y, a su vez, se comparta públicamente. Más aún cuando la finalidad es ayudar a la sanación de otros, cumpliendo así con el juramento de Hipócrates al cual juramentó.

No salí del asombro cuando me comunicó su deseo de que le escribiese una reseña. No tengo palabras para explicar el sentimiento que me provocó el honor que me brindaba ella y el universo de ser parte de tal noble misión. Siempre viviré agradecida por dicha oportunidad.

La prevalencia del abuso sexual es más alta de lo que realizamos. Se dice que 1 de cada 5 personas han experimentado algún tipo de abuso sexual. Puede ocurrir a cualquier edad, pero más del 60% de los casos reportados son de menores de 18 años. La literatura médica describe que las consecuencias del abuso sexual son las enfermedades mentales, las cardiovasculares y las inmunológicas, entre otras. Recientemente fueron publicados en una revista médica prestigiosa y presentados en la Asociación Americana del Corazón en el 2011, estudios que mostraban la atrofia de algunas estructuras cerebrales de pacientes con historial de abuso sexual. Dichas áreas regulan las emociones, atención, memoria, planificación y toma de decisiones. El estudio *Nurses Health Studies II* demostró que mujeres que reportaron haber sido abusadas sexualmente durante la niñez y la adolescencia tenían un 50% de riesgo mayor de padecer enfermedades cardiovasculares. En resumen, un evento traumático, como el abuso sexual, deja daños y secuelas emocionales y físicas. Los profesionales de la salud necesitamos estar más atentos en nuestra práctica para evaluar el posible historial de abuso sexual del paciente para poder tratarlo de manera más adecuada.

Afortunadamente existe luz al final del camino porque los estudios también demuestran que el tratamiento adecuado e individualizado ayuda a la persona que ha vivido este tipo de experiencia para sanarse física y emocionalmente. La autora abre su corazón y, con palabras que sólo una persona que ha atravesado por dicho trauma puede expresar, se identifica con los sentimientos de todas las víctimas que, como ella, han experimentado la ausencia de la luz (que es el sufrimiento) y las lleva hasta la luz de la transformación a través de la explicación de los pasos desde el dolor que se atraviesa hasta sanarlo y lograr la transformación al amor. Dichos pasos revelan el camino científico y espiritual para transformar el pensamiento. En su libro, la Dra. Anissa Hernández trae su experiencia, que es el enfoque principal de su libro, y tiene cuidado al sostener el interés del lector en pasos graduales de transformación para alcanzar el perdón y la liberación del dolor del pasado.

La carrera de esta autora se ha destacado como una de compromiso, de conocimientos científicos y de compasión. Entiendo que la Dra. Anissa Hernández es la primera psiquiatra puertorriqueña que escribe al público sobre el abuso sexual y cubre la necesidad de traer a la luz un tema que siempre se ha considerado un tabú. Los temas tabú se han comenzado a investigar por la comunidad científica.

El dolor y el estrés llevan a las enfermedades, pero ambos son tan sólo sombras en el río de la buena salud. Tenemos que liberarnos de las toxinas físicas y mentales que se acumulan en nuestro cuerpo. Por favor, recordemos el tema esencial de este libro: tenemos que evolucionar y llegar a la verdad máxima que es el amor. Un cambio en nuestra conciencia trae un cambio en nuestra salud. Nuestra conciencia y creencias afectan positiva o negativamente la regeneración de células y órganos. Un cambio de conciencia envuelve un cambio de enfoque. Veamos que nuestro estado natural es el de la salud y la felicidad. La salud es mucho más que la ausencia de enfermedad. La salud es energía, vitalidad, pasión, balance emocional y conciencia espiritual.

Una Transformación al Amor es más que un libro acerca del abuso sexual sino que nos brinda las herramientas para acelerar la regeneración física, mental y espiritual. Que la sabiduría divina siempre te acompañe para cumplir con tu misión, Dra. Anissa Hernández.

Bárbara Díaz Hernández
MD, MPPH

x

PRÓLOGO

E s con sumo placer que acepté la invitación de la Dra. Anissa Hernández de escribirle el prólogo a su libro. Definitivamente este libro tiene fortalezas notables. La autora ofrece un ejemplo contundente de que una persona no sólo puede superar el abuso de tipo sexual, sino que puede ser una sobreviviente y ejemplo de superación para todas aquellas personas que han pasado por este evento traumático. En mi práctica clínica he atendido a muchas personas que han sido abusadas sexualmente. Lo usual es ver a una persona con autoestima baja, con síntomas de depresión, ansiedad, disociación y con culpas innecesarias. Luego del tratamiento, uno también puede ver y documentar la transformación de esa persona. El evento del abuso pasa a ser una mera memoria del archivo mental, sin el dolor, la angustia y el miedo. La persona se despoja de culpas y mensajes malsanos innecesarios, recupera su cuerpo y su sexualidad. Es, prácticamente, como un resurgir, una reinvención, una construcción nueva de lo que sucedió y del "quién soy". Precisamente, en el libro que el lector tiene en sus manos, se hace un recorrido minucioso de esa trayectoria de recuperación.

Asímismo, la autora ofrece una guía de vivencias terapéuticas detalladas que pueden ser de utilidad para las personas que están buscando información sobre el tema del abuso sexual. Muchas víctimas, familiares y hasta terapeutas están deseosos de leer cómo una persona puede lidiar y superar este tipo de evento. Precisamente, el libro de la Dra. Hernández es un ejemplo fehaciente de este proceso de sanación. La autora posee un don exquisito de autorevelación que le permite al lector entender el proceso de la sanación de la autora. Como verá el lector, éste no es un proceso fácil, pero sí posible y con unos beneficios espectaculares al final del camino.

Algo que me gustó mucho de los planteamientos de la autora es que reconoce que la terapia y la sanación tienen que partir de un modelo integrativo y multimodal. En los casos de abuso sexual es importante escudriñar y sanar los aspectos cognitivos, emocionales, interpersonales y conductuales. En algunos casos, el aspecto espiritual también es importante discutirlo, ya que hay pacientes que entran en un debate doloroso, angustiante y debilitador acerca de la compatibilidad de un Dios de Amor infinito con la presencia de tanto dolor, abuso y maltrato. A esto, el psicólogo Pargament le ha llamado "luchas espirituales", las cuales, si no se abordan, pueden culminar en un deterioro de la salud física y emocional.

El libro de la Dra. Hernández también pone de relieve que un psiquiatra puede valorar e incorporar las psicoterapias como parte de sus intervenciones terapéuticas. Artículos que han sido publicados recientemente en el Psychiatric Times revelan que cada vez más son los psiquiatras que no usan las psicoterapias y favorecen, de manera desmedida, las intervenciones medicamentosas. Este no es el caso de la Dra. Hernández, quien en este libro aboga por la combinación de intervenciones y claramente favorece una serie de ejercicios psicoterapéuticos para sanar el daño causado por las experiencias de abuso. Y es que realmente así tiene que ser. Por más efectivo que sea un medicamento, no se le puede pedir que sane todas las áreas que han sido afectadas por el abuso. Es a través de la psicoterapia, precisamente, que se puede resignificar la vida del paciente, para ubicarlo en un sitial de seguridad, de paz y de optimismo. Difícilmente un tratamiento exclusivamente medicamentoso pueda lograr esta transformación psicológica.

El mensaje de este libro es claro: las experiencias traumáticas pueden ser sanadas y superadas. Los datos publicados por psicólogos y psiquiatras que se especializan en el tratamiento de diversos traumas revelan que entre el 60% y 80% de las personas que sufren traumas mejoran marcadamente o se curan por completo de su condición. Claro, el tratamiento muchas veces es retante y difícil. Por eso, como bien indica la Dra. Hernández, es importante seleccionar un profesional de la salud que se especialice en este tipo de caso y que conozca a plenitud las estrategias terapéuticas que son efectivas. Lamentablemente hay colegas que no han recibido adiestramientos especializados en el área de trauma psicológico y por mejor intencionada que sea su intervención, muchas veces pueden crearle más confusión al paciente.

En lo personal, felicito a la Dra. Hernández por su valentía de publicar con minuciosidad su trayectoria de sanación. Me imagino que poder expresar, resignificar y bosquejar todo ese recorrido fue de mucho beneficio para ella. Ahora que el libro está en sus manos, lector, le toca a usted acompañar a la autora por ese sendero y entender, y quizás beneficiarse, de las vivencias de ella. Si éste es el caso, estoy seguro de que la Dra. Hernández habrá logrado su cometido.

Alfonso Martínez-Taboas, Ph.D.
Psicólogo Clínico
Pasado Presidente de la Asociación de Psicología

CONTENIDO

INTRODUCCIÓN

Confieso que tenía mucho miedo de escribir este libro. Hablar de mis experiencias de vida no era nada fácil. Por primera vez rompía el hielo y verbalizaba situaciones de abuso que experimenté cuando sólo tenía la tierna edad de 8 años. Y digo que no era fácil porque fueron muchos los años de mi vida que callé esta información. Que si por "no manchar el buen nombre de la familia", "porque nadie se tiene que enterar de los trapitos sucios que se lavan en casa", que si "por protegerte de que otros no te rechazaran"... Todas estas frases son parte de las justificaciones e intentos fallidos que usan algunos padres o cuidadores cuando experimentan una situación de abuso sexual o de maltrato en el hogar. Mi labor aquí no es juzgar el comportamiento de ningún padre o madre ante esta verdad. Simplemente pretendo hablar, a través de mi experiencia, cómo una problemática de abuso sexual (principalmente al niño o niña que fue víctima de tan penosas e injustas circunstancias) se puede sanar y cómo uno puede tomar el mando de su vida y romper con patrones esclavizantes impuestos por la sociedad, la cultura, el proceso de crianza, las interpretaciones desviadas de algunos dogmas religiosos, y (aunque no lo creas) por uno mismo a través de la autorevelación.

Según las estadísticas, en Estados Unidos se reportan todos los años alrededor del 30% de los casos de abuso sexual, violaciones, maltratos de todo tipo hacia jóvenes y niños. Esta cifra ha ido en aumento en los últimos 5 años. Hay estadísticas que revelan que 1 de cada 4 jóvenes es abusado(a) sexualmente. Para el año 2008, la Policía de Puerto Rico reportó 36,002 casos activos de abusos hacia menores, en los cuales la negligencia reinaba en un 50.69%, seguido por los casos de abusos múltiples, con un 18.88%. Sin embargo, los casos de abuso sexual reportados por la Policía de Puerto Rico son de 3% al 5%.

En la práctica clínica, la realidad es bien distinta. En una encuesta informal que les hice a mis colegas, ellos reportaron un porciento mucho más alto de casos de pacientes con historial de abuso sexual. La mayoría de estos fueron revelados por primera vez en las oficinas de psicólogos, psiquiatras o médicos de cabecera luego de hasta varias décadas de haberse dado el evento. Estos números pueden ascender a más de un 75%. ¡Wow! ¿Por qué tanta diferencia?

Hay muchos factores que contribuyen a que haya un margen tan amplio en los casos que se reportan a las autoridades y los que viven estas familias puertorriqueñas. Generalmente, el abuso es el delito que no se denuncia en el 90% de los casos. La mayoría de los estudios en esta materia también coinciden en que el agresor es un miembro de la familia (padre, madre, hermano, tío, abuelo). En este libro explico con detalles varias razones fundamentales de este fenómeno. También, este libro pretende, de manera humilde, presentar sugerencias a los padres, maestros, cuidadores, y autoridades pertinentes para que sepan no sólo identificar una situación de esta naturaleza, sino también manejarla con sensibilidad y sin prejuicios.

Yo les digo que se puede sufrir mucho en este proceso, pero también se aprende grandemente. Si bien tuve personas que me apoyaron, y continúan apoyándome, en mi vida, de jovencita también estuve un largo periodo en aislamiento y sufriendo sola mis circunstancias. No es fácil cuando tu familia (que se supone sea la que te proteja, te ampare, y te supla todas tus necesidades: físicas, mentales, emocionales y espirituales) actúe en negación ante los hechos y no tomen medidas maduras y concienzudas para parar el abuso. No obstante, por más doloroso que sean las circunstancias, es importante recalcar que se pueden sanar y que hay esperanza.

En los subsiguientes capítulos explico, con detalles, cómo la capacidad de recuperación o "elasticidad" (en inglés, resilience) puede ser una herramienta poderosa para ayudarnos a superar el trauma. Un evento como éste no puede dejar que marque el resto de nuestras vidas. Las decisiones que se toman en pos de una recuperación son piezas claves para salir airosos y conquistar la belleza que hay en nuestro interior. Por años viví con mucho coraje y resentimiento hacia mis padres, mis hermanos, la vida, Dios, la humanidad entera y hacia mí misma. Fue entonces cuando, cansada de llevar una carga tan pesada, a mis 36 años de edad decidí clamar mi inocencia como lo hizo el personaje bíblico de Job y soltar todas esas cargas que me esclavizaban. Decidí ser libre por primera vez en mi vida. Fue en ese momento cuando empecé a nacer a una nueva vida llena de bendiciones, de amor, paz, valor y autorespeto. Yo decidí ser feliz y abrirme a todo tipo de experiencias de vida, soltando al mismo tiempo los lastres del miedo y la limitación.

Una transformación al Amor tiene como meta ser una guía práctica y útil para comenzar un proceso de sanación interior, de esperanza para ese niño o niña interno(a) que está herido(a) y necesita que le digan: "Todo está bien... te amo y te quiero como eres". El libro contiene herramientas para trabajar con creencias limitantes y con el manejo y la elaboración de emociones que pueden surgir a través de memorias traumáticas para, así, poder ir sanando la relación que uno tenga con uno mismo y con los demás. Es, además, una guía con herramientas y sugerencias a los padres y cuidadores para que puedan identificar signos y síntomas en los niños víctimas de abuso y que los puedan ayudar desde el amor, la libertad y sin los miedos y los prejuicios que existen con respecto a este tema. *Una Transformación al Amor* pretende ser, también, una herramienta útil para los profesionales que trabajan con este tipo de situaciones.

Mi mayor deseo es que disfruten este libro y puedan obtener el mayor provecho de las experiencias aquí descritas. Estás entrando a un camino de liberación y espero que las herramientas expuestas en este libro te puedan ayudar a acercarte cada día más a la meta de amarte a ti misma(o). Te pido que, cuando leas este libro, mantengas tu mente receptiva a lo que se presenta. No juzgues las emociones que puedan salir de ti en el momento que lo leas (¡o que lo tengas en tus manos!).

Todo lo mejor para ti,

Dra. Anissa V. Hernández

EL CONOCIMIENTO ES PODER.

Capítulo I

La Catarsis

Eran las 4:35 de la noche del lunes, 5 de enero de 2009. Estaba plácidamente dormida después de haber llorado hasta el cansancio y de haber experimentado un sentimiento de angustia constante por los pasados tres días. La idea de no existir en este plano había estado rondando, sin parar, por mi cabeza desde hacía varios días. Iba a trabajar y siempre daba mi mejor cara. Pues claro, mi profesión no me permite darme el lujo de desmoronarme en sentimientos de ira o de angustia. Necesito estar bien para los demás y mostrarles que soy un apoyo para ellos aunque por dentro me esté haciendo pedazos. Estaba tan drenada de energías luego de haber tenido una conversación telefónica con mi supuesto mejor amigo, quien creía era "el gran amor de mi vida", pero se mostró indiferente cuando lo llamé, luego de una larga ausencia, y me comunicó por teléfono que ya estaba conociendo a otra persona. Lo menos que podía hacer era caer extasiada del agotamiento. A esa hora mi amiga Jennie me llamó. Desperté con mucha dificultad, pues lo que más deseaba era quedarme en aquel sueño y no despertar jamás.

—¡Hola, Anissa! ¿Estás bien? —me recibió Jennie con su saludo jovial y fresco, como si fuera el despertar de una mañana soleada.

—Bien... Aquí dormida todavía; que me quedé pegá' del sueño.

—Mira, acuérdate que tenemos nuestra reunión de meditación hoy a las cinco en tu casa.

—Sí, no te apures, yo me acuerdo. Voy a buscar a Lina para traerla a casa. Nos vemos en un ratito. Ciao.

—Ok, bye, nos vemos horita.

Me lavé la cara, resignada a vivir (o a sobrevivir), pensando de dónde iba a sacar las fuerzas para realizar una meditación. Mis amigas me tienen en alta estima y no podía enseñarles aquella cara que mostraba que estaba pasando por una agonía. Y si se enteraban por lo que sufría, ¿en qué posición quedaba yo como psiquiatra? Se supone que mi vida sea perfecta, que sepa todas las respuestas a los porqués de la conducta humana y manejar mis problemas. ¡Qué asco, qué decepción, qué mal me va! Todo ese tumulto de pensamientos pasaba por mi mente como si fuera una película de terror. Dicho sea de paso, esa peliculita me ha pasado por la mente durante los últimos 28 años de mi vida, sólo que esta vez ya no tenía las fuerzas para seguir aguantando más el dolor. Estaba como el payaso: riendo por fuera y agonizando por dentro. Ese secreto que ante la sociedad había tenido que guardar por no mancillar el buen nombre y la honra de mi familia, los sentimientos mezclados de llevar en mis hombros un peso de una culpa de la cual jamás fui responsable, el coraje y la impotencia de que no me defendieran y que no me pudiera defender porque era una niña inocente y vulnerable ante la asqueante maldad y morbosidad de un familiar enfermo. También, la frustración de no tener suerte en el amor, de sentir que el amor no era para mí. Creía que Dios me castigaba con todo aquello y por eso era que el amor se me escapaba de las manos todo el tiempo y que por esa razón no me merecía tener felicidad en mi vida. Finalmente, me decidí a lavarme la cara y la boca y, casi sin fuerzas, buscar a mi amiga Lina. Llegué a la casa de Lina. Me recibió con una sonrisa que parecía un sol. Su mirada me confortaba y me provocaba mucha seguridad. Tenía que buscar algo o a alguien de quién poder sostenerme, pues ya sentía que quedaban los suspiros tenues de mi alma en pena.

—¡Hola, Anissa! ¿Cómo estás? —me recibió mi amiga.

—¡Mira quién está aquí! —contesté con aparente alegría, que saqué de no sé dónde, al ver la hermosa niñita de 5 meses de mi amiga.

La sonrisa transparente e inocente de esa criatura, de nombre Lorna, transformó por un momento el sombrío panorama en el cual me encontraba. Fue como si me devolviera las esperanzas. Ver a esa niñita que me sonreía fue sanador, como ver una nueva oportunidad para mí: el cielo abierto. Lorna rió a carcajadas al verme mientras yo le hacía cucasmonas.

—Estoy ready, voy a dejar la nena con mami —me contestó Lina.

Parece que leyó la angustia en mi mirada y que era momento para ayudarme a ventilar lo que me aquejaba. Yo entendí que tampoco era apropiado llevarnos al angelito para mi casa. No quería bajo ningún concepto que Lorna sintiera las energías tan densas que llevaba encima. Era como si quisiera protegerla de todo ese maleficio que me había estado pasando por los últimos 28 años de mi existencia.

Me despedí de Lorna y de su abuela, quien la arrullaba con sumo cuidado entre sus brazos. Lina se montó en mi guagua. Carro en marcha, nos dispusimos a conversar sobre las cosas que habían pasado en nuestra semana: que si las citas con el pediatra de la niña, sus citas médicas, hasta que yo prácticamente exploté y dije:

—¡Estoy al punto del colapso! ¡Yo creo que si esto no se acaba, Lina, me va a acabar a mí!

—¿Qué te pasa? —Lina estaba preocupada y anonadada con lo que acababa de escuchar.

—¡Ya no aguanto más esta porquería! Me siento sola, Lina. He estado durante los últimos tres días sintiendo un vacío en mi alma. Ya ni sé si vale la pena seguir viviendo así. No tengo una pareja, ni tengo hijos. Aunque tengo una carrera exitosa y soy reconocida en mi área, ¡yo no soy feliz! ¡No soy feliz!

Siento que la felicidad se me escapa de las manos.

—Te entiendo porque yo también estoy sola. Sabes que desde que mi marciano dio el cambio, hay veces que lloro y lo extraño.

El marciano es como cariñosamente Lina le decía al padre de su hija. Era su novio, amante y amigo; lo que muchos llaman su compañero sagrado. Había fallecido unos meses después de enterarse que iba a ser padre. Dondequiera que esté, mis bendiciones para él porque ha dejado un legado bien hermoso. En ese momento nada podía calmar la miseria que yo sentía. ¿Cómo Dios podía ser tan injusto para permitir que las desgracias sucedan? Que gente buena, que en realidad aportan al crecimiento de la humanidad, tengan que partir y dejar aflicción en los que nos quedamos luchando contra nuestros grandes monstruos.

—Jennie y tú por lo menos tienen a sus hijas y eso les brinda satisfacción como madres y seres humanos. En cambio yo, ¿en qué demonios he contribuido a esta mezquina sociedad? Yo no tengo hijos, veo problemas de todo el mundo todos los días, no tengo pareja, did I mention that? —dije, como si el sarcasmo pudiera, por lo menos, traer una nota alegre en esta tragedia.

—Te juro que sólo veo aquí una opción, la muerte. Esto último sonó como una profecía salomónica a punto de cumplirse en mi existencia. Me acuerdo que Lina me miró con mucha compasión. Se quedó observándome por un rato breve. Finalmente, rompió el silencio y expresó:

—El Amor no tiene forma, ni reglas, ni sexo o raza, el Amor simplemente es. Por otro lado, no te juzgo si decides quitarte la vida. Yo estuve una vez en tu posición e intenté quitármela, hasta que encontré que mi vida sí tenía un sentido. Dios estaba ahí presente conmigo cuando permitió que la rama del árbol donde estaba colgada la soga se partiera. De otra manera no estuviera hablando ahora mismo contigo.

—¿Pero qué sentido puede tener mi vida en estos momentos? Si, on top of that estoy teniendo problemas económicos, no me están pagando los planes médicos, ni del hospital. Todo está atrasado y es pujar mes a mes para poder hacer mis pagarés. ¡Esto es injusto! ¡Yo no aguanto ni un minuto más!

Acostumbro a hablar de manera ecuánime, pausada, muy selectiva en el uso de mi vocabulario. Pero ese día fue como si Dr. Jekyll se escondiera y brotó de las entrañas de mí el Mr. Hyde que tenía reprimido. Era una ira que nublaba mi conciencia, una nube espesa que no me dejaba pensar más allá. Lo único que veía era ese panorama.

Llegamos finalmente a mi casa. Jennie llegó sola en su carro. Arribamos al mismo tiempo las tres hermanas espirituales, juntas para meditar, como siempre lo hacemos. Solo que esta vez nos volvimos una en la solidaridad para ayudar a sanar mi corazón afligido y destrozado en mil pedazos. Abrí la puerta, prendí las velas y el incienso tan rápido como pude, como una cuestión mecánica, mientras ellas conversaban y me observaban el talante que llevaba. Me tiré por fin en el sofá, respiré profundo y verbalicé que definitivamente no estaba en condiciones de guiar una meditación. Casi siempre era la designada para conducir las meditaciones por mi voz dulce y melodiosa, casi hipnótica, y por mi creatividad para llegar a ponernos en estado alfa. Las dos se miraron y con su lenguaje no verbal, me dieron el visto bueno para una verdadera catarsis.

—Yo no me he sentido bien, no soy la misma desde hace mucho tiempo. Siento vergüenza de lo que voy a decir en estos momentos. ¡Estoy harta y fastidiada de esta vida que llevo!

Mis dos amigas me escucharon pacientemente. Una de ellas me dijo:

—Sácalo, Anissa, te va hacer bien llorar.

Y le respondí:

—¡No quiero llorar más! ¡Ese Dios que ha permitido tantas desgracias en mi vida no merece que yo derrame ni una lagrima más! Ese inconsciente... que ahora mismo está jugando ajedrez con las vidas de nosotros. ¡Dios no existe! ¿Dónde estaba Dios cuando yo tenía 8 años y ese canalla abusó de mí y se salió con la suya? ¿Dónde diablos estaba Dios cuando fui a pedir ayuda y conté con mucho miedo lo que me pasaba? Lo que hizo fue darme una bofetada y decirme que me callara la boca, que eso eran palabras de mujeres embusteras y prostitutas. ¡Que tuve que llevar ese sello desde tan tierna edad! ¡Yo era una niña! Prostituta es la mujer que cobra por favores sexuales. Hasta el día de hoy no entiendo por qué me calificaron de "prostituta" y "embustera". Yo estaba diciendo la verdad, y me habían enseñado que la verdad hay que decirla siempre. La verdad os hará libres... ¡Ja! ¡Vaya ridiculez! ¡A mí me esclavizó más! ¡Yo no sabía que la verdad iba a doler tanto! ¿Dónde está el corazón de Dios cuando permite que yo no tenga una pareja estable, que esté sola, con dificultades económicas e infeliz en esta maldita vida? ¿Dónde está? ¡¿Dónde?!

Como en un acto de magia, las lágrimas brotaban por mis ojos y rodaban como mares por mis mejillas. Un sollozo incontrolable interrumpía aquel sórdido silencio por largo rato. Y ese fue el primer paso hacia mi liberación. Fue como salir de una celda en la cual había sido prisionera por los últimos 28 años de mi vida. A la misma vez, fue salir por el canal vaginal de la coraza de amargura, odio y resentimiento para dar vida a la nueva criatura llena de Amor, Libertad y

Paz que estaba dentro de mí. Mis amigas se acercaron y nos fundimos las tres en un gran abrazo de victoria. ¡Terminé aceptando a Dios en mi corazón! Pero una imagen de Dios más saludable y sanadora. Sabía que el Dios de Bondad, Amor y Misericordia no tenía la culpa de tan horrenda realidad, ni tampoco de los errores que los seres humanos cometemos. Esta vez, decidí aceptar la imagen de un Dios sanador, conciliador, que siempre está presente para dar apoyo en los momentos más nefastos y oscuros de la existencia de cada ser humano.

Como un relámpago, hice un recuento de todas las creencias que tenía de Dios; que hablaban de un Dios castigador y sadomasoquista, de dogmas en los cuales había creído sin cuestionar. Me di el gusto de darle delete a todas aquellas fanfarronerías que por tantos años coartaron mi preciada libertad. Seguido a esta acción, comencé a recibir pensamientos e ideas esperanzadoras en mi mente, las cuales siguen entrando y siguen adueñándose de cada célula de mi cuerpo y de cada espacio en mi subconsciente e inconsciente, haciendo descansar al ego de las salvajadas del id y de las represiones moralistas del súper ego; lo cual es el clásico ejemplo de una catarsis.

Los procesos catárticos son de gran ayuda cuando la persona ha sufrido de mucha represión de emociones debido a conflictos traumáticos de la niñez. Es necesario y saludable para el ser humano expresar las emociones en un ambiente cómodo, libre de juicios y terapéutico, que lo invite a expresar sus sensaciones y sentimientos. Es liberación lo que se siente cuando se sueltan cargas pesadas que no corresponden. No es tan poco común observar a una víctima de abuso sexual hacerse responsable, consciente o inconscientemente, de lo que le aconteció. Cuando esto sucede, en términos emocionales, va menoscabando la autoestima del niño o niña hasta que pierde la confianza en sí. Por esta razón, los padres tienen la gran responsabilidad de atender esta problemática a tiempo y buscar ayuda tanto para el menor afectado como para toda la familia. Hay un sinnúmero de psicólogos clínicos y psiquiatras especializado en niños y adolescentes que trabajan estos procesos con mucha delicadeza y esmero.

Es importante aclarar que en aquel momento acepté vivir y seguir luchando y trabajando con mi situación. ¿Y por qué se dio así ese proceso? Durante una catarsis, el ambiente libre de juicios y de censuras es bien importante, ya que infunde un panorama esperanzador al sobreviviente. Si eres adulto y has estado callando ese gran dolor por tantos años, es momento de soltar las ataduras y decirle al niño que está dentro de ti que todo está bien. Dile a tu niño o niña interior cuánto lo amas y lo proteges. Dile que es inocente y no tiene culpa de todas las vicisitudes que pasó, que ya merece que lo amen, lo respeten y lo valoren tal y como es. Para entrar en este proceso, es necesario que busques ayuda profesional. Puede ser de psicólogo, de psiquiatra o de ambos. Cuando en momentos de catarsis una persona expresa ideas suicidas u homicidas, es esencial procurar su protección y la de otros. Es importante ofrecer un clima libre de juicios y que la persona sea atendida, con urgencia, por un profesional de ayuda. Hay casos en los que la vida del sobreviviente o de otros corre peligro y la persona necesita una evaluación psiquiátrica en la sala de urgencias más cercana o en algún hospital psiquiátrico, lo antes posible. En ocasiones, es de suma importancia combinar varias modalidades de tratamiento porque no tan solo depende de la severidad de los síntomas, sino de las creencias patológicas que se tengan de la experiencia de abuso, la percepción de las mismas y las fortalezas emocionales y psicológicas que pueda tener la persona. Además, el apoyo de un consejero espiritual que conozca de estos temas y se sienta cómodo(a) trabajando con el sobreviviente puede contribuir durante los procesos catárticos. Jamás deje sola a una persona que expresa ideas suicidas u homicidas. Mis amigas estuvieron conmigo hasta que finalmente acepté ayuda profesional multimodal, la cual, más adelante, me ayudó a tener un trato más humano y más empatía hacia mis pacientes sin perder la objetividad de un buen diagnóstico y manejo clínico.

En la catarsis terapéutica se llora y se maneja el dolor de la experiencia amenazante. Tanto el hombre como la mujer tienden a reprimir los sentimientos. Esto hace que se acumule más dolor y que surjan otros pensamientos negativos derivados de esa emoción primaria. La catarsis ayuda a que las personas puedan adquirir más consistencia emocional y fortaleza. No es recomendable hacer una catarsis por cuenta propia o en un grupo que no sea terapéutico o en el que no haya, por lo menos, algún profesional de la salud capacitado y dispuesto a ayudar. Hay muchos grupos que pueden tener muy buenas intenciones, pero si no tienen la capacidad para ofrecer ayuda adecuada, pueden ser perjudiciales.

Un ejemplo de catarsis es la escritura terapéutica. A través de esta técnica la persona accede a emociones y pautas del pensamiento que permanecen inconscientes y, a través de la escritura, las lleva a un estado consciente. Esta ayuda a obtener beneficios psíquicos y físicos. Es como un autopsicoanálisis porque fomenta la autoindagación, la cual permite el entendimiento de uno mismo. Ayuda a develar los pensamientos para luego analizarlos. Contribuye al desbloqueo emocional para que afloren sentimientos ocultos. Es un proceso donde se tiene la oportunidad de transformar pensamientos negativos en positivos, se invita al autoconocimiento y da sentido a las vivencias. Estos tres pasos: entendimiento personal, análisis de pensamientos y desbloqueo emocional ayudan indudablemente y son fundamentales en los procesos de sanación.

Dos ejemplos de escritura terapéutica los han presentado dos famosos escritores. Jorge Luis Borges sanó su problema de insomnio al escribir una de sus obras. Isabel Allende, a través de su novela titulada Paula, pudo trabajar con el proceso de enfermedad terminal y muerte de una de sus hijas. La escritura es un medio terapéutico que invita a manejar las emociones de manera que cada vez sea menos carga. Con bastante frecuencia, suelo recomendarles a mis pacientes que les escriban una carta a las personas con las cuales tienen más coraje. Puede ser a su hermano, hermana, padres, algún familiar, compañeros de trabajo, jefe, a Dios, o a sí mismos. En lo personal, la escritura me ha ayudado mucho a canalizar emociones que tenía reprimidas para luego enfrentar la situación con más objetividad. No es recomendable enfrentar a un(a) agresor(a) si no se ha podido lidiar aún con las emociones que causan esas personas o el recuerdo del abuso. Hay que trabajar primero con la ira, el miedo y el coraje para que pueda haber una confrontación saludable. En muchas ocasiones, es recomendable escribir una carta (ya sea individual o dirigida a más de una persona) a todos aquellos que, de alguna manera, hayan ofendido, abusado, menospreciado al sobreviviente. Verá cuán sanador es dejar salir esas emociones que se tenían guardadas y que ya no seguirán haciendo más daño. Comunicar todos los sentimientos que se tienen; sin editar, ni juzgar lo que allí se escriba. Es un ejercicio en el que se reconoce lo que guarda el corazón y la mente; una vez fuera, ya no perturbarán más y se podrá dar el trabajo personal con mayor claridad y seguridad.

El contenido de la carta puede ser discutido con el terapista o consejero. Luego, se puede hacer con ella lo que se entienda sea lo más conveniente.

CAPÍTULO II

Entendiendo los pensamientos y las emociones

L
uego de esa experiencia catártica tan trascendental y reveladora, mi vida dio un cambio positivo y alentador. Sentí desde aquel momento que mi mente comenzó a tomar un giro optimista. Veía luz al final del túnel. Esa luz se hacía cada vez más clara y brillante. Como me sentía liberada de aquel tormento, decidí que era tiempo de clamar mi inocencia en aquel proceso y reclamar lo que era justo para mí. Al fin, mi niña interior estaba libre de culpas que no le correspondían y la adulta en mí estaba naciendo y tomando la posición que le correspondía. ¿Cómo podía honrar y devolverle la dignidad a esa niña herida dentro de mí? Me preguntaba toda esa noche cuál era la forma más asertiva de hacerlo.

Al otro día sería el Día de Los Tres Santos Reyes, 6 de enero de 2009. ¡Qué regalo de Epifanía me iba a dar! Decidí hablar con mis padres y decirles cómo me había sentido el día anterior y que necesitaba hablar la verdad. Finalmente, confronte al que fuera en un tiempo al agresor por el abuso que había cometido conmigo. Pude hablarle frente a frente sin miedos y sin reproches. Fui firme y le dije que esa responsabilidad no era mía y que esa culpa ya no me pertenecía. Le hice saber de todo el daño que su irresponsabilidad provocó en mi niñez y en mi vida espiritual, sexual y psicológicamente, en mi adultez. Le informé de todas las repercusiones que había tenido en mis relaciones interpersonales y en la visión de mí misma: mi autoestima. No le costó más remedio que aceptar la realidad y lidiar con ella. No sé cómo lo haría, pero ahora le tocaba a él trabajar con el asunto. Recuerdo que mi madre me felicitó y me dijo de lo orgullosa que estaba de mí. Inclusive, me dijo que yo había dado cátedra de madurez e inteligencia al saber trabajar y denunciar el abuso. Mi padre se mantuvo al margen. Entiendo que las confrontaciones nunca fueron su fuerte. No obstante, todos ellos me pidieron perdón por su negligencia e irresponsabilidad con el asunto. Desde aquel momento, hicimos un pacto de amor donde no íbamos a permitir jamás menoscabarnos, humillarnos o dañarnos de ninguna manera. Todos juramos respetarnos, querernos y valorarnos como familia, con dignidad.

Para poder llegar a este punto se requiere trabajar para el entendimiento de los sucesos, con la sanación interior y el perdón. En el capítulo IX explicaré con detalles cómo se da el proceso de sanación a través del perdón. El primer paso para pasar de víctima a sobreviviente es entender y aceptar los hechos.

Aceptar que fue una realidad (por más doloroso que parezca), que uno no es el culpable, ni tan siquiera responsable de lo que pasó en la niñez. Uno era apenas una niña o un niño, no se esperaba que se supiera defender o contestar a un ataque de esa magnitud. Para eso estaban los adultos, los de madurez y experiencia. Se supone que ellos fueran quienes guiaran, cuidaran y enseñaran a uno a protegerse del abuso. Lo que pasa muchas veces en estas familias en las cuales ocurre este tipo de situaciones es que vienen, a su vez, de ambientes familiares disfuncionales en los que ocurre este tipo de abuso y nunca hay la oportunidad de tratarlo a tiempo. Los adultos que nos cuidaron, muchas veces arrastraban un pasado de dolor que no habían resuelto del todo.

El autor del libro titulado *Volver a Casa*, John Bradshaw, lo describe de la siguiente manera. Él afirma que esos padres tienen un niño interior herido emocionalmente. Describe que es como un niño herido dentro de un cuerpo adulto que trata de criar a otro niño. El entender que nuestros padres no tenían las herramientas necesarias para lidiar con este tipo de situación ayuda a que nuestro niño interior entienda la dinámica familiar y no permanezca en postura de víctima. Yo entendí que mis padres dieron el máximo que podían dar con los recursos que tenían. Por otra parte, me siento bien agradecida de ellos porque me estimularon a seguir estudiando y a tener un norte en mi vida. Otra herramienta útil que me enseñaron fue a buscar recursos espirituales para lidiar con el decaimiento, la falta de fe y la desmoralización, y a perseverar a pesar de los obstáculos. Entre los familiares de víctimas de abuso infantil, se crea un ambiente donde, al no poder lidiar con la horrenda situación, tienden a actuar en negación. Esto crea un sentimiento de culpa y vergüenza en el sobreviviente que da paso a que se involucre en conductas dañinas y autodestructivas. Más adelante, en el capítulo VII, hablaré sobre cómo entender y manejar los sentimientos de culpa y vergüenza.

En muchos casos, no es hasta la adultez tardía que un niño o niña sobreviviente de abuso sexual llega a hablar de frente con su agresor, o al menos lo hablan con alguien por primera vez. Por esta razón es que es el delito que no se reporta en el 90% de los casos, según las estadísticas.

Me acuerdo que aquel día de Reyes temblaban mis manos, el corazón estaba sobresaltado y tenía mucho miedo. Lo que hizo la gran diferencia fue que, a pesar del miedo, creí en mí y me lancé a ver qué pasaba. ¿Qué era lo peor que me podía pasar, si ya lo peor había pasado hacía 28 años? Otra actitud mental que me ayudó fue descartar la postura de víctima ante la situación. Sí, es cierto que fui víctima a los 8 años de edad, pero eso ya pasó y no puedo dar marcha atrás. Sin embargo, tengo el presente, que es el que me ubica en una justa perspectiva y me pone en una posición ventajosa para enfrentar mis peores miedos. Lo que quiero explicar es lo siguiente: el aquí y el ahora, EL PRESENTE, es el único tiempo real para cambiar pensamientos y actitudes negativas del pasado y prepararse para un futuro esperanzador y lleno de gloria. La actitud de víctima, tras de que nos roba energías, nos desenfoca totalmente de empoderarnos y buscar las fortalezas que hay dentro de cada uno. Claro está, a esta conclusión yo no llegué sola. Fueron los años de consejería y psicoterapia los que me ayudaron a darme cuenta de cuáles eran las fortalezas que debía seguir atesorando y las áreas que debía mejorar, modificar o cambiar radicalmente porque me hacían daño.

El Dr. David Burns, psiquiatra estadounidense y experto en terapia cognoscitiva-conductual, en su libro titulado Sentirse bien demostró varias técnicas importantes para combatir los pensamientos negativos. Un concepto primordial que el Dr. Burns enfatiza es el desligar la emoción del pensamiento. Es como verlos por separado. Primero, él recomienda hacer una lista de, por lo menos, 10 pensamientos negativos que sean recurrentes. Luego, los identifica por diferentes categorías; por ejemplo, si es un pensamiento generalizado, fatalista o que predice el futuro, entre otros. Al identificarlos, indirectamente, se pueden ver las tendencias emocionales y porqué se repiten patrones con esos pensamientos. Entonces, luego de ese proceso, al lado del pensamiento negativo, se escribe el pensamiento positivo que lo va a contrarrestar.

¿Qué pasa cuando uno no ha manejado las emociones de un pensamiento negativo del pasado, que está basado en anécdotas y recuerdos? ¿Qué hacemos con la emoción? ¡Obvio que no nos la vamos a tragar! ¡Eso sería el colmo! Algo que nos han ayudado a manejar las emociones, tanto a mí como a muchos de los pacientes con esta problemática que he atendido, es reconocerlas directamente. Las emociones son estados afectivos que experimenta el ser humano. Son reacciones subjetivas al ambiente, que vienen acompañadas de cambios fisiológicos y endocrinos de origen innato, influidos por alguna experiencia. Son mecanismos de adaptación de nuestro organismo al medio ambiente o situaciones.

Aunque ha habido disputas en cuanto al número de emociones básicas existentes, la mayoría de los teóricos han descrito seis categorías de emociones primarias. Estas son: alegría, tristeza, miedo, sorpresa, aversión e ira (ver Apéndice I). Para poder manejar las emociones y canalizarlas adecuadamente, hay que identificarlas. Se pueden identificar desde la manera cómo el cuerpo reacciona hasta los estados que provoca en los cinco sentidos. Hay reacciones universales que todos experimentamos. Por ejemplo, cuando se tiene coraje aumentan los latidos cardiacos, se frunce el ceño y se cierran los puños, entre otras.

Pero hay reacciones que son únicas de cada individuo. Hay personas que cuando sienten alegría tienen la sensación de cosquilleo en algunas partes del cuerpo. Éstas son reacciones naturales y no hay porqué juzgarlas o reprimirlas. Las emociones en sí no son ni buenas ni malas, es cómo las canalizamos o las expresamos lo que trae consecuencias beneficiosas o dañinas. Se expresan o se canalizan buscando el momento apropiado para ellas. Hay un modelo que explica la manera como se modulan y se expresan las emociones. Para ello, vamos a referirnos al siguiente modelo del cerebro.

Modelo de los tres cerebros:

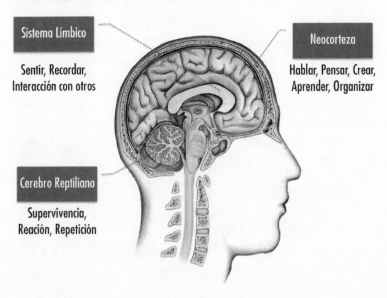

Sistema Límbico

Sentir, Recordar,
Interacción con otros

Neocorteza

Hablar, Pensar, Crear,
Aprender, Organizar

Cerebro Reptiliano

Supervivencia,
Reación, Repetición

El modelo *Triune Brain*, o de los Tres Cerebros, fue desarrollado en 1952 por el Dr. Paul MacLean quien era el Director del Laboratorio de Evolución Cerebral y el Comportamiento del *National Institute of Mental Health* (NIMH), en Maryland. Esta teoría ha tenido bastante aplicación clínica. El Dr. MacLean propuso que nuestras funciones, desde las más básicas hasta las más complejas, estaban moduladas por diversas estructuras cerebrales que se comunicaban entre sí para regular nuestras necesidades y comportamientos. Él describe que nuestro cerebro se divide a su vez en tres cerebros. El primero que describe es el cerebro reptiliano (*Reptilian Complex*), compuesto por las estructuras del tallo cerebral y el cerebelo. Las cuales están relacionadas con la supervivencia física y el mantenimiento del cuerpo. El cerebelo está a cargo de la coordinación de los movimientos del cuerpo. El tallo cerebral rige las funciones del sueño, digestión, hambre, sexo, respiración y la respuesta de pelea o huida en momentos de estrés. En animales, estas estructuras juegan un rol bien crucial en la dominancia territorial y reproducción. Sus comportamientos se caracterizan por ser automáticos, ritualistas y altamente resistentes al cambio. El segundo cerebro, llamado sistema límbico, está compuesto por el hipocampo y la amígdala. La amígdala está relacionada con la asociación de eventos y emociones. El hipocampo promueve el almacenamiento y recolección de información de la memoria, y se dice que tiene que ver con la expresión de nuestras emociones y sentimientos. El tercer cerebro, la neocorteza, constituye sobre el 83% de nuestro cerebro. Es el encargado del lenguaje, la escritura, y las funciones ejecutivas altas del ser humano, como la lógica, la organización y la estructura. A su vez, se compone de otras dos áreas importantes que rigen el movimiento voluntario y el procesamiento de información sensorial.

Se postuló que hay comunicación entre estos tres cerebros a través de una red de neuronas que transmite la información de manera bidireccional. No se sabe a ciencia cierta cómo se interconectan estas áreas. Lo que sí se ha propuesto es que, en ciertas situaciones, un cerebro puede tener más influencia sobre el comportamiento humano que los otros. Es incorrecto decir que mientras funciona uno de los cerebros, los otros dos no están en funcionamiento. La revista Scientific American, para octubre de 1995, publicó un estudio en el que se plantea que en sujetos que habían tenido historial de abuso infantil se observó una disminución del hipocampo comparado con sujetos saludables. El hipocampo también está relacionado con la memoria a corto plazo y posiblemente con la codificación y extracción de la memoria a largo plazo. En artículos publicados recientemente, para el año 2011, se ha confirmado la disminución de neuronas en áreas que tienen que ver con el proceso de toma de decisiones, de control de impulsos y hasta de aprendizaje. No obstante, se observó que estos cambios no son permanentes y pueden responder de manera excelente al tratamiento farmacológico adecuado y a la psicoterapia. Es por eso que, encarecidamente, les recalco a mis pacientes la importancia del uso de medicamentos y de entrar en un proceso de psicoterapia cognoscitiva-conductual para prevenir que haya deficiencias cognitivas a consecuencia de daños neuronales que no fueron tratados de manera adecuada. Se dice que durante y después de cada episodio traumático, hay un gran flujo hormonal en el cerebro, altamente estresante. De esta información, se especula que ocurren los síntomas de disociación y de estrés postraumático. Además, el estrés sostenido puede afectar negativamente el sistema neuroendocrino. El mismo hace que las glándulas adrenales (las cuales están localizadas sobre los riñones) liberen una sustancia química llamada cortisol. Los niveles elevados de cortisol de forma sostenida pueden causar la disminución de la producción de otros neurotransmisores importantes en el cerebro, como la serotonina. Este fenómeno sucede a través de una desregulación de los mecanismos de retroalimentación entre las glándulas y algunos órganos del cuerpo, incluso el cerebro. Por ende, una disminución en los niveles de serotonina puede llevar a la depresión o estados crónicos de ansiedad.

Por esta razón pudiéramos explicar que una persona bajo un coraje o dolor extremo se le puede dificultar la toma de decisiones lógicas y racionales. Por otra parte, este modelo puede apoyar el hecho de que bajo un estado de ansiedad o depresión extrema no es saludable ni recomendable tomar decisiones importantes como comprar una propiedad, casarse o tener hijos. El aplicar este modelo a nuestra vida cotidiana nos puede ayudar a entender nuestra conducta y poder sacar el mejor partido de nuestro intelecto. Hubo alguien que una vez me dijo que las emociones y los pensamientos son como huéspedes de un hotel: vienen y van, no son constantes. Nuestras emociones y pensamientos son mecanismos para comunicar lo que queremos, sentimos y para actuar. En nuestra capacidad creativa podemos utilizarlas a nuestro favor sin hacerle daño a otros ni menos a nosotros mismos. El sustituir un pensamiento negativo constante (que genera una emoción de tristeza, coraje o miedo) por uno positivo (que genera alegría, complacencia y tranquilidad) es una manera de estimular la neocorteza para modular nuestro sistema límbico y cerebro reptiliano. Otra técnica que ha ayudado a una numerosa cantidad de pacientes es buscar la evidencia de la veracidad de esos pensamientos negativos. Los pensamientos que menoscaban, que generan angustia y depresión vienen mayormente de varias fuentes. La primera es que pueden venir de percepciones erróneas de otras personas. Un ejemplo, es que cuando a un niño se le derrama un vaso de leche dentro del carro de papá recién limpiado, el padre con toda su furia le dice: "¡Bruto! ¡Canto de animal!" y por ahí otro repertorio de nuestra florido lenguaje. Estas frases, además de causar un dolor inmenso en la psiquis del niño, causan una distorsión cognoscitiva en la que el niño puede pensar que es un bruto y que no sirve para nada. Aparte de que tampoco el padre le está enseñando a su hijo un manejo saludable del coraje. Por eso vemos muchos adultos que aún se autocastigan tan severamente con las frases que aprendieron de sus cuidadores y se dicen a sí: "brutos" o "estúpidos". La segunda fuente es que tendemos a creer en la causa y el efecto mezclado con el pensamiento mágico. Varios ejemplos que he visto mucho son los siguientes: "Si haces lo que te pido, Dios no te va a castigar". "¡Eres una niña mala porque no seguiste instrucciones y mira lo que te pasó!" Esto le da al joven el sentido equivocado de que, si no hace lo que otro le dice, su vida va hacia el fracaso y quedará desamparado o solo. ¿Y cómo le estamos ayudando a desarrollar un pensamiento crítico saludable con estas aseveraciones? La tercera fuente es la tendencia a generalizar. Porque una vez me pasó tal evento, siempre me va a pasar. No podemos pensar que si un evento desafortunado nos sucedió una vez, el mismo se va a repetir. Veo muchas mujeres y hombres que, por años, se conforman con relaciones de maltrato porque una vez trataron de buscar su felicidad o se dieron a respetar con su pareja y aparentemente no les funcionó. Así mismo las víctimas de maltrato infantil que piensan de esta manera pueden caer en relaciones altamente disfuncionales y peligrosas por el mero hecho de pensar que nadie bueno se puede fijar en ellos. Por ejemplo, si alguien ha estado en relaciones de maltrato, no se tiene que quedar ahí y mucho menos, porque le alguien hayan aconsejado que se quede.

Así que, cada vez que venga un pensamiento negativo a la mente, hay que buscar la evidencia real de ese pensamiento. Y si no la hay (como siempre pasa)... ¡A SUSTITUIRLO POR UN PENSAMIENTO POSITIVO! Este ejercicio se hace cuantas veces sea necesario hasta que uno sienta que, cada vez que venga el pensamiento negativo, ya no reacciona con las mismas emociones que antes porque se siente tranquilo consigo mismo. Las afirmaciones positivas repetidas una y otra vez, o mantras, pueden ayudar en la actitud que uno tome hacia los pensamientos negativos.

El explorar
nuestro
interior
nos da las
herramientas
necesarias para
lidiar con los
sinsabores de
la vida.

Capítulo III:

Desarrollo saludable y lo que observamos detrás del abuso sexual

"Yo no sé si vale la pena vivir… me siento vacía, hueca por dentro… como una muñeca rota. No sé si alguien me querrá o estará conmigo por pena. ¿Qué sentido tiene vivir así?"

-Tatiana S.

"Me siento solo en esto. Me gustaría tener satisfacción sexual con mi pareja, pero estos recuerdos de mi niñez me siguen atormentando y me llevan al borde de la locura. No soy capaz de respetar a mi pareja, ni me respeto a mí mismo. Pienso en sexo constantemente y derivo satisfacción masturbándome con pornografía, pero no puedo parar. Esto es desesperante. Siento que por lo que me pasó me merezco esta condena."

-Alejandro M.

Como estas historias hay muchas más que la mayoría de las veces son calladas por los mismos sentimientos de vergüenza y culpa. Estos son algunos de los típicos discursos mentales de algunos sobrevivientes del abuso sexual. Los ejemplos que expuse anteriormente son de pacientes reales, que reservé sus nombres en este libro por motivos de confidencialidad. En este capítulo se pretenden explicar las diferentes secuelas del abuso sexual y sus posibles consecuencias en la adultez. Para que puedan ver la diferencia, explicaré seguido cómo se supone que un individuo se desarrolle saludablemente. En este punto nos va a ayudar mucho entender las diferentes etapas del desarrollo y qué es lo que se espera del niño o joven en cada etapa. La sexualidad del ser humano lo influye y, a su vez, tiene muchas influencias en los ámbitos biopsicosocial, espiritual y cultural. Esta permite la comprensión del mundo y determina cómo vivirlo según su sexo. La realidad sexual es bien compleja y requiere de un enfoque comprensivo e integral para llevar una sexualidad sana y saludable. Ella es percibida de acuerdo con los valores de la persona, el concepto de ser humano y su educación (puede referirse al Apéndice IV para más detalles). Para entender cómo se desarrolla nuestra sexualidad, primero hay que entender los cambios neurobiológicos que ocurren a lo largo de las etapas de vida y cómo se correlacionan con nuestro desarrollo sexual. En los subsiguientes párrafos explicaré varias teorías propuestas por expertos en el campo del desarrollo humano en las diferentes facetas: biológica, cognitiva, emocional, social y moral.

El crecimiento cerebral es uno de los indicadores básicos de un desarrollo neurológico óptimo. Cuando un niño nace, su cerebro tiene un tamaño de una tercera parte de lo que va a ser el cerebro en su adultez. En un año puede alcanzar hasta 60% de su tamaño y en los primeros años de vida hasta un 90%. El restante 10% se alcanza en los próximos 10 años hasta llegar, aproximadamente, a la edad de 16 años, cuando el cerebro tiene su peso y tamaño completos. Cada célula nerviosa o neurona está cubierta por una capa que ayuda a la protección, metabolismo y conducción nerviosa que se llama mielina. El proceso por el cual cada neurona se recubre con esta capa protectora se llama mielinización. A lo largo de la vida, las conexiones entre neuronas van proliferando, las neuronas se cubren de capas de mielina, y aumentan el número de sinapsis o espacios de comunicación entre las neuronas. Los primeros años de vida son cruciales para definir el desarrollo cerebral. La corteza visual en el cerebro alcanza su densidad sináptica óptima a los 6 meses de edad. No es hasta el año que la corteza frontal alcanza su pico óptimo en cuanto a sinapsis neuronales se refiere. En el segundo año de vida ocurre una reorganización neuronal y se desarrolla completamente el metabolismo de glucosa por las células nerviosas. También ocurren procesos como el de establecer patrones de sueño más estables. Durante el periodo preescolar se desarrollan las destrezas motoras y la actividad física aumenta. Esto refleja el desarrollo neuronal saludable. Para la edad de 7 años ya ocurre una integración sensorial considerable. Se establece con qué mano va a ser hábil el niño o niña y la plasticidad del cerebro se reduce un poco. En la adolescencia, se alcanza el peso máximo del cerebro. No obstante, el proceso de mielinización se extiende hasta la quinta década de vida. Ya en esta etapa puede comenzar el deterioro por la edad, siendo la visión y la memoria puntos vulnerables.

A la par con el desarrollo neurológico comienza el desarrollo hormonal. Los cambios físicos y emocionales que se dan en los primeros años de vida son muchas veces provocados por cambios hormonales súbitos que se dan en la pubertad. En el caso de las niñas, el estradiol y la progesterona son responsables del desarrollo de las características sexuales secundarias (crecimiento de senos, vellos axilares y púbicos) y la menarquia, o primera menstruación. En los varones ocurre una secreción de hormonas de la pituitaria, que da paso a la producción y mayor circulación de la testosterona. Esto provoca el agrandamiento de los testículos, el desarrollo de las características sexuales secundarias (vello facial, corporal y púbico) y la subsecuente producción de espermatozoides (espermatogénesis). La hormona del crecimiento también juega un rol bien importante en el crecimiento de los huesos, su densidad y la madurez del sistema músculoesqueletal. La función sexual en los hombres entra en su pico máximo temprano en la adultez. Se observa un descenso gradual en dicha función que se mide por la frecuencia de orgasmos. Las mujeres tienden a una función sexual bastante consistente durante sus años reproductivos. Para la década de sus 30 años las mujeres tienden a tener más orgasmos. Para el período de la menopausia, los niveles de estrógeno tienden a disminuir. Estos cambios pueden provocar resequedad vaginal, sensaciones corporales como "sofocones", o hot flashes, cambios en el estado anímico e insomnio, entre otros. En el caso de los hombres no se observan cambios significativos comparados con los de la mujer.

Sobre el desarrollo emocional se ha observado que los recién nacidos pueden mostrar sus emociones a través de expresiones faciales y vocalizaciones. Reconocen el afecto dado por sus padres y pueden sentir diferencias entre los tipos de afecto. Los infantes pueden comenzar a entender que sus experiencias internas y sentimientos los pueden apreciar otras personas. Es importante que en esta etapa los padres o cuidadores puedan estar en sintonía emocional con sus hijos para poder llenar sus necesidades emocionales. Para los doce (12) meses de edad, ya el niño puede examinar las expresiones faciales de su madre en situaciones de miedo o amenaza. Aproximadamente desde los dos años de edad, el niño comienza a crear conciencia sobre estar separado de su objeto primario de apego: su madre. En esta etapa puede desarrollar sentimientos más complejos como la vergüenza, la culpa o el orgullo. También, su habilidad para reducir la ansiedad que surge como respuesta a la separación del objeto primario puede ser una demostración de la relación que el niño tiene con el objeto primario de afecto. Por ejemplo, se han podido observar casos en hogares donde existe la violencia doméstica, que el infante puede llorar a gritos o entrar en rabietas cada vez que su madre se va de su lado. Para las etapas preescolar y escolar, ya el ser humano comienza a aprender a modular sus emociones. De esto es responsable, en parte, el proceso de socialización. En la adolescencia, a veces, las emociones se expresan de una manera más dramática. Se entiende que los cambios hormonales asociados al crecimiento en esta etapa tienen mucho que ver con esta labilidad emocional. A lo largo de las etapas, se van desarrollando mecanismos de defensa que actúan como reguladores de las emociones.

Con respecto al desarrollo cognoscitivo, se ha encontrado que los recién nacidos pueden aprender por medio de la asociación y la imitación. Piaget ha sido uno de los teóricos que ha explicado cómo se integra, utiliza y procesa la información que un individuo adquiere y cómo la internaliza según su edad (Apéndice II). En etapas de infancia y hasta edades preescolares se puede ver un pensamiento basado en causa y efecto, y pensamientos mágicos. Ya para la edad escolar se observa un modo de pensar más concreto. Para la adolescencia se comienza a desarrollar el pensamiento abstracto, que se solidifica en la adultez.

En cuanto al desarrollo social, todos estos cambios los van a expresar en su interacción con otros y, a su vez, van a recibir influencias del medio externo que los rodea. Un buen desarrollo en todos los aspectos de un individuo hace que su interacción con otros sea fluida y más saludable. En la medida que los padres y cuidadores conozcan y entiendan más sobre estas etapas en la vida de sus hijos (y en la de ellos mismos), más conscientes estarán sobre cómo manejar, por lo menos, la mayoría de los retos que se presentan. Claro está, no pretendo decir que estas teorías sean la panacea para criar a sus hijos. No obstante, son un buen marco de referencia para entender las necesidades generales de cada etapa y poder llenarlas de una manera satisfactoria.

Lawrence Kohlberg, psicólogo estadounidense y discípulo de Piaget, describió las etapas del desarrollo moral del individuo. (En el Apéndice III encontrarás una tabla con las diferentes etapas del desarrollo de la conciencia moral). Estas etapas y la expresión sexual de un individuo van a estar influenciadas por factores personales, familiares y sociales. Debido a las diversas influencias que tiene un joven acerca de la sexualidad, es bien importante que los padres, educadores, consejeros, profesionales y los medios de comunicación influyan positivamente hacia una sexualidad saludable. Como profesional y mujer me indigna ver cómo algunos ídolos de la música y celebridades transmiten, directa e indirectamente, mensajes de una sexualidad denigrante y distorsionada. Es preciso ver cómo se expresan de la mujer como si fuera un objeto y la llaman "perra" o "gata", y como también la figura del hombre se menoscaba comparándola con una máquina que lo único que piensa es en sexo. Peor aún, estas conductas se permiten alegando inútilmente que "esas son las modas de los jóvenes de hoy día", que "no podemos quitarles los derechos que tienen". ¡Por favor! No perdamos la perspectiva de lo que es saludable y lo que es patológico. No se trata de hacer un discurso moralista sobre este tema. Se trata de crear jóvenes con conciencia moral propia saludable y no arrastrados por corrientes de turno que a saber quién se está beneficiando de las mismas (que no son nuestros jóvenes, ni usted como guía). Nos acostumbramos a un ambiente de violencia y confusión. Para el año fiscal 2007-2008 se reportaron menos de un 5% de casos de abuso sexual en Puerto Rico. Para 2008-2009, la cifra aumentó a un 10.62%, la cual se ha mantenido similar para el 2009-2010, con un 9.26%. Sin embargo, los casos de maltrato múltiple a menores ha aumentado de un 37.25%, en el 2009, a un 40.89% en 2010. En un año se dio un aumento bastante significativo en las cifras de abuso sexual en Puerto Rico. Estas estadísticas fueron obtenidas a través del Departamento de la Familia. Entonces, ¿qué podemos esperar de nuestra sociedad si así lo permitimos? Está en nosotros hacer la diferencia. No en las escuelas, en las iglesias ni en los políticos de turno: EN NOSOTROS.

La violencia de cualquier tipo implica una relación asimétrica, que se define como un abuso de poder por parte de un sujeto sobre otro siempre más débil o indefenso. La violencia existe cuando un individuo impone su fuerza, poder y estatus social sobre otro, de modo que abuse de él y lo dañe, directa o indirectamente, física o psicológicamente, y se convierte en la víctima inocente de cualquier argumento que el agresor alegue para no asumir su responsabilidad. La ley 177 del 1 de agosto de 2003 (P. del S. 2285, Ley para el amparo de menores en el siglo XXI) en su artículo 2b define abuso sexual de la siguiente forma:

"Significa incurrir en conducta sexual en presencia de un menor y/o que se utilice a un menor, voluntaria o involuntariamente, para ejecutar conducta sexual dirigida a satisfacer la lascivia o cualquier acto que, de procesarse por la vía criminal, constituiría delito de violación, sodomía, actos lascivos o impúdicos, incesto, exposiciones deshonestas, proposiciones obscenas; envío, transportación, venta, distribución, publicación, exhibición o posesión de material obsceno y espectáculos obscenos, según tipificados en la Ley Número 115 del 22 de julio de 1974, según enmendada, conocida como Código Penal del Estado Libre Asociado de Puerto Rico".

Esta ordenanza, además, expone la necesidad y el derecho al cuidado de aquellos menores víctimas de maltrato y de ofrecerles alternativas de seguridad y bienestar con el propósito de salvaguardar la salud física, mental, emocional y espiritual de nuestros niños. Todo este esfuerzo del gobierno por atender este mal social es basado en las secuelas que tiene el abuso infantil en el individuo, la familia y en la sociedad. El abuso sexual infantil constituye un abuso de poder y traición a la confianza del niño(a) hacia un adulto. Constituye una violación de derechos al niño(a), quien por ser menor de edad, no puede consentir a una interacción sexual. Cuando miramos el marco teórico que expliqué anteriormente, nos damos cuenta de que un niño(a) o un joven no tiene la madurez ni las herramientas psicológicas y emocionales para corresponder a un acto sexual. Esto puede perjudicar hasta el punto de que el afectado muestre conductas de hiperexcitación sexual en etapas del desarrollo que no se supone que pase (esto es, masturbación en etapa latente), o inhibición. También, Browne y Finkelhor (1986) encontraron una tendencia en la inmensa mayoría de estos niños a ser víctimas de abuso reiterado (bullying, violencia doméstica), fármaco o drogodependencia, depresión, ansiedad y suicidio. Es muy común observar una falta de confianza hacia el adulto y el mundo que los rodea. Según los expertos Courtois y Watts (1982), ellos observaron que en las víctimas de abuso sexual la inhabilidad de confiar es bien pronunciada, lo que contribuye al secretismo y el no revelar. También Berlinger y Barbieri (1984), Groth (1979) y Swanson y Biaggio (1985) encontraron que los niños abusados tienen miedo a reportar el abuso porque temen que las consecuencias sean peores y puedan ser victimizados otra vez. Esto da paso a desconfiar de los demás y puede provocarle frecuentes conflictos interpersonales y que manifieste hostilidad. En un estudio retrospectivo con adultos sobrevivientes de abuso sexual, la victimización fue reportada por el 27% de las mujeres y por el 16% de los varones. La media de edad de los casos fue de 9.9 para los varones y 9.6 para las niñas. La victimización ocurrida antes de los 8 años de edad fue reportada en el 22% de los hombres y 23% de las mujeres. La mayoría de los agresores tenían, por lo menos, 10 años más que las víctimas. Las niñas estaban más dispuestas a revelar el abuso que los varones. El 42% de las mujeres y el 33% de los hombres nunca le habían contado a alguien sobre el abuso (Finkelhor y otros, 1990). A su vez también se ha encontrado con frecuencia una distorsión o estigmatización de la autoestima de las víctimas. Johnson (1987) y Tsai y Wagner (1978) observaron que las víctimas pueden manifestar una sensación de que hay algo que anda mal en ellos. No es hasta que son adultos que se percatan de las huellas emocionales que dejó el abuso. Se perciben a sí mismos como "dañados" (síndrome de "la muñeca rota"). La siguiente tabla resume todo el espectro de las posibles manifestaciones de una víctima de abuso sexual. Quiero hacer la salvedad con las manifestaciones espirituales del abuso, ya que no necesariamente se dan en todos los casos. De hecho, hay sobrevivientes que desarrollan la cualidad de la elasticidad emocional o resilience, en inglés. (En el Capítulo IV tendrás la oportunidad de conocer mejor esta gran herramienta). La información que muestro en la siguiente tabla fue recogida por un grupo de consejeros psicológicos que colaboran con un movimiento con base cristiana basados en sus experiencias como terapistas con un grupo determinado de sobrevivientes de abuso sexual. La misma no representa la visión que tengo sobre el abuso sexual. La expongo, más bien, por los síntomas que se pueden observar. Estudios recientes demuestran que menos de un 30% de las víctimas pueden mostrar algunas o muchas de estas características.

FÍSICAS	EMOCIONALES	PSICOLÓGIGAS / SOCIALES	ESPIRITUALES
Dolor abdominal	Ansiedad, ataques de pánico, fobias, obsesiones o compulsiones	Cambios abruptos en la conducta (comerse la uñas, mecerse, chuparse el dedo)	Tienen una idea distorsionada de Dios
Enuresis o cambios en los hábitos de ir al baño	Apatía	Semblante que muestra tristeza constante	Sentir ira contra Dios porque no impidió el abuso
Quejas somáticas frecuentes	Confusión con su identidad sexual	Masturbación excesiva o en público	Desconfía de Dios por permitir el abuso
Dolores de cabeza	Depresión	Automutilación corporal	Se siente rechazado e indigno de Dios
Comezón en los genitales	Excesiva necesidad de amor y atención	Limpieza obsesiva	Puede temer la "ira" y reprobación de Dios
Infecciones urinarias frecuentes	Introversión, separación emocional	Expresión anormal de su sexualidad, ya sea por escrito, por medio de dibujos o juegos	Proyecta en Dios los atributos del agresor*
Secreciones vaginales o en el pene	Miedo al rechazo y al fracaso	Abuso de alcohol, drogas o ambos	Posee un conocimiento de Dios, pero poca experiencia en el amor y gracia divinos
Dolor vaginal o rectal, moretones, sangrado	Culpa y vergüenza inapropiadas	Comportamiento antisocial o desafiante	Dificultad para establecer una relación íntima con Dios

Continúa...

FÍSICAS	EMOCIONALES	PSICOLÓGIGAS / SOCIALES	ESPIRITUALES
Dificultad para caminar o sentarse	Temor a las figuras de autoridad	Evita estar en su casa la mayor parte del tiempo	Rechaza a Dios
Ropa interior rota, sucia o manchada de sangre o fluidos	Trastornos del sueño, pesadillas o temor de ir a acostarse	Evita encontrarse con determinadas personas o situaciones	Busca aprobación de Dios al tratar de alcanzar altos niveles de productividad en actividades de la Iglesia
Apariencia desnutrida	Temor a la intimidad	Temor a decir que no, principalmente a los adultos	
Enfermedades venéreas	Baja autoestima	Reacciona de manera abrupta o agresiva cuando alguien lo toca	
Embarazo	Estallidos de ira	Pobre concentración, comportamiento dependiente o pegajoso	
Cansancio	Desconfianza excesiva	Conformidad	
Desórdenes en la alimentación	Se siente incómodo consigo mismo	Conducta regresiva o de pseudomadurez (asumir roles de adulto a temprana edad)	

Continúa...

FÍSICAS	EMOCIONALES	PSICOLÓGIGAS / SOCIALES	ESPIRITUALES
	Incapacidad para establecer límites saludables, sentimientos de inferioridad	Relación exclusiva con una persona mayor	
	Decisiones autodestructivas	Temor a que alguien se quede a dormir en su casa	
	Cambios de humor sin explicación	Desórdenes disociativos aislamiento, retraimiento	
		Conocimiento o comportamiento sexual prematuro	
		Agresión promiscuidad o comportamiento seductor con adultos, reserva excesiva, bajo aprovechamiento académico, abuso sexual de otro menor	

Los niños tienden a creer que su padre o cuidador en la tierra es un reflejo del Padre Dios. Si su padre terrenal es hostil, abusivo e indigno de confianza, pueden llegar a creer que Dios es también abusivo y no confiable.

De hecho, una buena base psicoespiritual pudiera ayudar a fomentar la esperanza, la confianza en sí mismo y ayudar en el proceso de sanación. La severidad de los síntomas de los casos de abuso sexual infantil puede depender, principalmente, de la relación que el niño haya tenido con el ofensor (si es su padre, hermano, vecino o extraño) y la respuesta de la familia y las instituciones al manejar el caso y la calidad de la intervención. Es bien importante tener una actitud de escucha y no hacer juicios ni especulaciones cuando una víctima de abuso o un sobreviviente comunique su experiencia. Finkelhor, entre otros sociólogos, (1990) encontró en sus estudios que la identificación temprana de las víctimas de abuso sexual y la pronta canalización de los servicios psicológicos apropiados y grupos de apoyo juega un rol crucial en la reducción del sufrimiento del niño(a) abusado(a). Intervenciones apropiadas de las autoridades o grupos de apoyo pueden aumentar el miedo, sufrimiento y el estrés psicológico en la víctima (Bagley, 1992, 1991). Hay que referirlas, inmediatamente, a las ayudas pertinentes. A los profesionales les aconsejo que, si no tienen las herramientas para trabajar con este tipo de problemática, mejor refiera el caso a un colega que tenga la experiencia y la preparación. O mejor aún, oriéntese. Hay muchos gremios en el campo de la salud que ofrecen seminarios, talleres y cursos gratis o a bajo costo en los que se puede instruir. Recuerdo que a mi oficina llegó una paciente joven que estaba completamente desmoralizada y con la duda de si debía buscar ayuda. A la edad de 7 años había sido molestada sexualmente por un tío. La terapista con la cual había recibido ayuda le explicó que el abuso se debía a que posiblemente ella era una niña "seductora". ¡¡¡POR FAVOR!!! Si aplicamos las características del desarrollo que expuse anteriormente, podemos extraer dos factores importantes. Primero, hablamos del caso de una niña en etapa latente de su desarrollo cognoscitivo, de 6 a 11 años, a esa edad se piensa de manera concreta. En esa etapa los niños no exploran o tienen curiosidad sexual a menos que sean expuestos a estas experiencias. Tampoco tienen la estructura mental tan desarrollada como para mentir elaborando una historia de esa magnitud. Mucho menos tienen la malicia para realizar un juego de seducción y lo que implica el mismo. Por lo tanto, si el profesional no tiene nada que decir que pueda ayudar a su paciente, mejor cierre la boca y refiera el caso a un colega que sea más empático, sensible y que verdaderamente entienda cómo manejar a un sobreviviente de estas experiencias traumáticas (en lo personal, yo le diría a esa terapista hasta que considere la idea de cambiar de profesión).

Algunos estudiosos dicen que los síntomas del abuso dependen de cuándo se inició el abuso (la edad del sobreviviente), su duración, con qué frecuencia ocurría, el temperamento del niño o niña, el tipo de coerción y el trauma físico. En mi experiencia clínica, he visto casos en los que, quizás, la frecuencia y la intensidad del abuso no fueron significativos para los demás, pero sí para el sobreviviente y puede dejar unas disfunciones y secuelas profundas en la psiquis de esa persona. También he visto casos en los que la persona que sobrevivió al abuso ha pasado por repetidos abusos y ha tenido muy pocos recursos comparados con otras personas y, aun así, ha salido hacia delante, llevando una vida bastante funcional y satisfactoria. Como el abuso da paso a que el afectado(a) guarde y no comunique el abuso, ya sea porque es manipulado, amenazado o coaccionado por el abusador, por su sentido de lealtad a su familia (para no destruir el balance del círculo familiar) o bien sea porque la familia de los sobrevivientes niegan el problema; esta situación impide que el sobreviviente trabaje adecuadamente con el trauma.

Tenemos que concienciar a nuestros padres, cuidadores, maestros, consejeros y profesionales de la salud, entre otros, sobre el abuso sexual. Éste, definitivamente, es un problema de salud pública. Como dije anteriormente, no encontré estadísticas recientes sobre el abuso infantil en Puerto Rico. Presumo que con el problema creciente de la criminalidad nuestras estadísticas pudieran ser más altas. La Dra. Suzane Sgroi, psicóloga forense estadounidense experta en abuso sexual, estableció lo siguiente en una de sus revisiones de la literatura existente sobre el tema: "Ayudar a niños abusados sexualmente depende de los esfuerzos combinados de la ley, del personal médico, del trabajo social y la policía. Es esencial para aquellos servidores de los respectivos campos que reconozcan y entiendan las responsabilidades de cada cual en sus respectivas especialidades cuando se trabaja con el abuso sexual infantil. Solo así podremos aprender mejor cómo ayudarnos los unos a los otros para, así, ayudar a las víctimas y a sus familias. De igual manera evolucionan la experiencia, la investigación y el proceso de aprendizaje." Ayudar a las víctimas de abuso infantil es un trabajo de equipo y que requiere la cooperación de todos.

El abuso físico, sexual, moral y emocional a un niño pueden provocar inseguridades en el concepto que ese niño tiene de sí mismo, de sus padres, de su familia, su comunidad y hasta de los valores espirituales. Esta experiencia hace que el joven entienda que está solo y que tiene que luchar con sus propias fuerzas en un mundo hostil e inseguro. De ahí parten la desconfianza en quienes lo rodean, en ellos mismos y hasta en el sistema. Hay casos de sobrevivientes de abuso sexual y emocional que se les hace bien difícil confiar en sí mismos y en otros, provocando que desarrollen actitudes que afectan gravemente sus relaciones interpersonales y que se involucren en patrones disfuncionales de parejas. He escuchado muchas mujeres, y también a hombres, sobrevivientes de abuso sexual infantil que están con parejas que no las valoran y mancillan su dignidad como seres humanos, porque creen erróneamente que se lo merecen o que no pueden aspirar a alguien mejor. Les recuerdo que este fenómeno se da en toda la escala social. Esto no tiene que ver con más o menos inteligencia, ni con los recursos que se tienen. He visto muchos casos de personas intelectualmente brillantes que han caído en este patrón de conducta y pensamiento. ¿Y por qué? Bueno, la teoría del análisis transaccional nos puede ayudar a entender este punto. El análisis transaccional es una teoría que pretende explicar la conducta humana a través de las experiencias vividas en el pasado. Postula que la psiquis del ser humano se compone de tres elementos: el niño, el adulto y el padre. El niño es aquel componente o parte que reacciona de manera automática e impulsiva. El padre representa los códigos morales que hemos aprendido de nuestros cuidadores. Es como la conciencia "protectora". El adulto es aquella figura que hace un balance entre el niño y el padre. Es la parte de racionalización y lógica que sale en defensa de un balance psicológico y emocional. Cuando en el presente ocurre una situación que activa el dolor de nuestro niño interior herido, la misma va a provocar desbalance en la figura del adulto. También puede pasar que se active la parte del padre de manera no saludable (Ejemplo: si tuvimos un padre maltratante o crítico-demandante) y afecte a nuestro niño interior. Entonces es cuando nuestro adulto juega un papel bien importante para poner en perspectiva las figuras mentales del padre y del niño. Por eso la psicoterapia apela a formar una saludable figura del adulto para que ayude a sanar a su niño herido y le enseñe herramientas útiles a la figura del padre, logrando así un padre saludable en el futuro. Hay muchos talleres y libros que hablan sobre sanación del niño interior. Un buen taller de sanación debe ser guiado por psicólogos expertos en la materia, consejeros (psicológicos y espirituales) y lo ideal es que se tenga accesible a un psiquiatra para su consulta en caso de que el trabajo de una persona desemboque en crisis. Mucho cuidado con talleres que no sean ofrecidos por los profesionales que he descrito anteriormente. Hay muchas personas con muy buenas intenciones (o no tan buenas) que dicen estar capacitadas en técnicas para sanar heridas del pasado, pero no están certificadas por una institución reconocida. En mi experiencia, muchas de estos individuos no tienen las herramientas para manejar una crisis y lo que pueden hacer es empeorar el panorama. Cuando se trabaja con el niño interior, muchas veces uno está bien vulnerable emocionalmente y hay que tener sumo cuidado con lo que se dice y cómo se actúa.

Un poco más adelante encontrarás una meditación de mi inspiración. He visto que ha sido muy útil en momentos cuando se necesita estar a solas con uno mismo, para momentos cruciales en los que se necesita tomar una decisión importante o, simplemente, para relajarse y ponerse en contacto con el niño interior y saber qué necesita que se hagas por él o ella. De no estar seguro del resultado de esta meditación, es importante consultar primero con el terapista o pedirle su ayuda para la realización de la misma.

Meditación: Hablando con tu niño interior

Es preferible que busques un lugar cómodo, que invite a relajarte. Puede ser dentro de tu casa o afuera. Es bien importante que procures no ser interrumpido o que la música esté muy fuerte. Puedes encender inciensos o utilizar aceites esenciales de neroli, lavanda o limoncillo en un quemador o velas aromáticas. Una música suave y relajante, o el silencio si lo prefieres, puede servirte para este proceso. Puedes grabar esta meditación con tu voz para realizarla cuando estés solo o sola.

Cierra tus ojos

Visualiza una luz del color que prefieras posarse sobre tu cabeza. Es preferible que el color de la luz te haga sentir en paz y te dé tranquilidad.

Visualiza que esta luz va recorriendo por toda tu cabeza, tu frente, tu nuca, tus ojos, tus oídos, tus labios. Cada vez te vas sintiendo más relajado.

Esa luz… imagínate que la estás respirando y que está entrando por tu nariz hasta llegar a los pulmones. Visualiza cómo, con cada respiración, tu sangre y tus órganos internos se van limpiando poco a poco. Con cada inspiración inhalas paz, amor, perdón. Con cada expiración exhalas tensión, angustia, miedo.

La luz apacible va bajando por tu cuello, tu garganta, tus hombros, tu pecho, tus dos brazos. Cada vez tu respiración se hace más cómoda y estás más relajado. Sigue bajando pausadamente por todo tu torso, tu abdomen, tu pelvis, tus caderas, tus muslos hasta llegar a tus piernas. Ya estás completamente relajado.

En ese estado de relajación en el que estás, visualiza que en tu corazón se abre una puerta. De adentro de esa puerta sale tu niño o niña interno. ¿Cómo lo ves? ¿Cómo la ves? ¿Cómo está vestida o vestido? ¿Qué te dice? No tengas temor de dejar salir cualquier emoción que surja en este momento. Dile a ese niño o a esa niña lo mucho que lo(a) amas, lo(a) valoras y lo(a) respetas. Dile que no vas a permitir que nada ni nadie lo maltrate, humille o menoscabe. Dile que tú lo(a) vas a defender, que lo(a) vas a proteger.

Visualiza que abres tus brazos y lo(a) abrazas, lo(a) arrullas y lo(a) proteges. Puedes salir a pasear, correr y jugar con tu niño interno. ¿Cómo lo ves ahora? ¿Cambió algo? ¿Cómo te sientes luego de esta experiencia? ¿Cómo se siente tu niño?

Ahora visualiza que en un abrazo lo metes en tu corazón y lo visualizas sano(a) y salvo(a), contento(a), con una gran sonrisa en su rostro. Cuando dejes a tu niño o niña en un lugar seguro en tu corazón, ve despertando poco a poco, ve entrando en estado de alerta. Cuando despiertes, te sentirás más relajado(a) y con más confianza en ti mismo(a). Si es necesario, puedes mover tus manos y tus pies o friccionar los muslos con tus manos para despertar gradualmente. Puedes anotar en tu diario las experiencias que a través de esta meditación encontraste y hasta compartirlas con tu terapista.

CAPÍTULO IV

Sobre el tratamiento

D ebido a la gran gama de síntomas que pueden afectar negativamente el comportamiento de los sobrevivientes, es necesario utilizar más recursos para darles la batalla a los síntomas y poder estar funcionales en todo el sentido de la palabra. Los medicamentos también ayudan en este proceso. Según estudios clínicos, se ha encontrado que la combinación de la farmacoterapia (terapia con medicamentos) con la psicoterapia ayuda a que la persona pueda salir, de manera rápida y eficaz, de un estado depresivo o de ansiedad, en la inmensa mayoría de los casos. Hay otros en los que sentimientos de ira, tristeza o ansiedad pueden ser tan incapacitantes que la persona no puede funcionar correctamente, en lo académico, laboral o en sus relaciones interpersonales. Son en estos casos cuando más se indica la medicación para ayudar al sobreviviente a pasar airosamente por su crisis. El medicamento se toma el tiempo que su clínico así lo estipule. Se dice que un proceso de tratamiento medicamentoso con antidepresivos, estabilizadores del ánimo o antipsicóticos puede variar desde, como mínimo, seis meses hasta un año. Todo va a depender si el tratamiento se aplica durante un primer episodio de manifestación de síntomas, del apoyo familiar, la aceptación de su condición y los recursos emocionales y psicológicos con los que cuente el o la paciente.

En este libro, no pretendo enfocarme en explicar detalladamente los tipos y funciones específicas de los psicofármacos, pues la gama de síntomas varía de un paciente a otro y es tan compleja que en ocasiones hay que utilizar varios medicamentos. Les hago referencia al libro escrito por el psiquiatra puertorriqueño, el Dr. José O. González, *Depresión y Bipolaridad: Los Asesinos del Cerebro*. En su libro, el Dr. González explica, de una forma sencilla y al grano, las funciones de cada medicamento. No obstante, hay medicamentos, como los antidepresivos, que pueden ayudar a elevar o a restablecer los niveles óptimos de serotonina y norepinefrina. Estas son sustancias químicas que se producen en las neuronas del cerebro y a nivel periférico, y que ayudan a mantener un estado anímico estable, a aumentar el enfoque, la concentración, a la vitalidad, y la energía mental y corporal. También ayudan a regular los patrones del sueño. Por otra parte, hay medicamentos que inicialmente estaban indicados para tratar la epilepsia, la bipolaridad o la psicosis. Se ha encontrado que, en dosis bajas, esta clase de fármacos puede fungir como coadyuvante de los antidepresivos, en casos de pacientes con depresiones resistentes al tratamiento, depresiones con rasgos psicóticos (donde escuchen voces o tengan visiones que otros no perciben) o con un componente de ansiedad o agitación bien marcado. El tratamiento se basa en los síntomas que experimente el paciente y cada caso se trabaja de forma individual. Hay pacientes con quienes la hipnosis es bien efectiva para el manejo de fobias o pensamientos extremadamente limitantes. El yoga, la meditación guiada, las terapias de manejo de coraje, las técnicas de liberación emocional y la relajación también son excelentes recursos para el manejo de pensamientos negativos. Hay una técnica que he implementado en mi práctica y la recomiendo a muchos pacientes. La misma cuenta con más de 60 años de estudio en los Estados Unidos, realizado por el Instituto Monroe. Se conoce como Sincronización Hemisférica. La técnica se basa en escuchar sonidos a baja frecuencia vibratoria (aproximadamente, de 4-8 Hz) que, según el estudio, estimulan las ondas alfa, beta, delta y gamma en el tallo cerebral. Esto hace que la persona pueda entrar en un estado de relajación (ya sea leve o profunda) y pueda tener la capacidad de aprender. Estudios realizados a través de la técnica Brain SPECT (la misma mide el flujo de actividad neuronal en el cerebro) han demostrado que hay más actividad entre las neuronas de asociación en ambos hemisferios del cerebro y los lóbulos. También mostraron mejores patrones de distribución de las neuronas lo que hace que el flujo de información y la conducción nerviosa sean más fluidos.

Todavía existe una actitud de resistencia a la farmacoterapia. Me he topado con algunas personas que siguen prácticas espiritualistas y alegan que usar medicamentos les pueden causar una especie de bloqueo en la glándula pineal y afectarles su comunicación con el Ser Supremo a través de sus meditaciones. Con todo el respeto a sus creencias, he buscado arduamente evidencia científica que me pueda avalar esta teoría y hasta el momento no he encontrado ningún estudio que pueda probar que esto sea cierto. La glándula pineal tiene la función de regular los ciclos del sueño y el ritmo circadiano. Es en ella donde se produce la melatonina, una hormona derivada del triptófano (de la cual, a su vez, se deriva la serotonina, neurotransmisor importante contra la depresión), que tiene que ver con la regulación del sueño. He visto a mujeres y hombres que han teniendo experiencias espiritualmente trascendentales en su vida y han sentido al Ser Superior cerca de ellos mientras toman sus medicamentos contra la depresión y la ansiedad. Otro argumento para resistirse al uso de medicamentos es la longa de posibles efectos adversos que causan dichos fármacos. ¿Cuántos de ustedes no han tenido la experiencia de ir a la Farmacia X y que, junto con los frascos de sus pastillas, también les den una listita de 3 a 4 páginas de los efectos secundarios de sus medicamentos? Esto pone los nervios de punta, ¿verdad que sí? Bueno, pues voy a explicar lo que sucede a continuación. Primero quiero aclarar que no estoy afiliada, ni tengo acciones en alguna casa farmacéutica, ni en farmacias. Aunque un medicamento pase por un proceso bien riguroso de análisis y estudios (que fácilmente puede llevar hasta más de 10 años), por ley las casas farmacéuticas tienen que reportar cualquier efecto adverso que se haya observado en los estudios clínicos; no importa cuán mínimo haya sido, si está relacionado con el medicamento o no, o con qué frecuencia ocurrió durante los estudios. Confiamos tanto en la consabida Tylenol para nuestros dolores de cabeza y mucha gente no sabe que el acetaminofén puede ser más hepatotóxico (quiere decir tóxico al hígado) que un psicofármaco. No es que todo ese listón de efectos secundarios vaya a darle cada vez que se tome el medicamento, solo es una advertencia, en caso de que los experimente. Consulte a su médico para que le oriente para modular la dosis o descontinuar su uso en caso de que sea grave. Muchos de los efectos adversos comunes, por lo general, son manejables, pasajeros y tolerables. Su doctor le dirá cómo manejarlos, pero tiene la obligación de informarlo siempre.

No obstante, recomiendo siempre que busquen ayuda de todo tipo. No hay un tratamiento único para sanar heridas tan profundas. Según caemos en un extremo, se puede caer en el contrario. Muchos pacientes dan la falsa pretensión de que curan todos sus males emocionales con medicamentos. Quiero recordar que los medicamentos, aunque útiles para estabilizar durante las crisis y prevenir episodios subsiguientes, no son la panacea para tratar este tipo de trauma. Al ser un problema que afecta y abarca tantas áreas del ser humano, no se puede tratar solamente con una modalidad. Hay que usar varias modalidades y ser consistente con ellas. Un trauma de esa naturaleza se necesita trabajar desde la raíz u origen del problema. Esto también aplica para otros tipos de abuso infantil. Si se tratan los síntomas de manera superficial no estamos llegando a ese dolor primario para ayudar a sanar las heridas de ese o esa sobreviviente. En el proceso que he llevado hasta ahora, he buscado ayudas de diferentes tipos. Aparte de la ayuda psicológica y la psiquiátrica en su momento, también asistí a retiros de contenido psicoespiritual, busqué de la guía de sacerdotes y ministros que me ayudaran a ver y entender la figura de un Dios de Amor, Bondad y Misericordia. Recobrar la fe es tener esperanza, la cual es una pieza clave para comenzar el proceso de sanación.

Hay tres elementos fundamentales que han ayudado a miles de personas a recuperarse de estos traumas: aceptación, confianza y perseverancia. Hay que aceptar lo que nos pasa en la vida, cómo nos sentimos, cómo nos vemos ante los demás y nuestras relaciones con otras personas. Para aceptar lo que nos pasa, es necesario informarnos y buscar ayuda de un profesional de la conducta. No se puede aceptar lo que no se conoce. Mientras más tiempo pase sin que se acepte esa realidad, por más dolorosa que sea, más nos menoscabará emocionalmente y más sufriremos. Confiar: empezar a confiar que hay esperanza, que es viable poder vernos libres de pensamientos que generen ansiedad y depresión. Como el abuso es una condición en la que a uno se le hace bien difícil confiar en otros (porque precisamente en quienes debíamos confiar nos fallaron), hay que empezar a confiar en uno mismo y en los procesos de la vida. A veces he tenido que hacer mis intentos, los famosos trials & errors: si hoy no me sale bien, mañana será mejor. Este paso envuelve trabajar con la fe y la esperanza. En este punto, la ayuda psicológica y sobre todo la espiritual son bien valiosas. Espiritualidad no es igual a religión. La religión es solamente un medio para llegar a esa comunión con el Ser Supremo. Si usted es budista, católico, protestante, cree en el islamismo o en la llamada "Nueva Era"; está en un camino para descubrir a una Entidad de bondad, amor, paz y orden. Es lo que necesita en estos momentos de su vida. He visto sacerdotes, rabinos y ministros que están preparados para trabajar con este tipo de casos. Es bueno buscar referencias fidedignas de consejeros o guías espirituales que sepan ser compasivos y no enjuicien al sobreviviente, con quien necesitan tener mucha paciencia. Si uno no se siente cómodo(a) con el guía espiritual que ha escogido, hay que seguir buscando. Más adelante uno encontrará la persona que le ayudará en este proceso. Mientras no se confíe e intente buscar las ayudas necesarias, se pierde tiempo valioso para ser feliz consigo mismo y con el ambiente que le rodea. La otra característica es perseverar. Si hoy no logré lo que esperaba, mañana será mejor. Dice un viejo refrán que el que persevera, triunfa. Tengo que aceptar que es cierto. Si yo, a pesar de las contrariedades, de mi autoestima quebrantada, de que hubo personas que me dijeron que yo jamás llegaría a la universidad, de las burlas, la vergüenza, la falta del apoyo esperado de mi familia, de terapistas que no supieron darme las herramientas necesarias para lidiar, tan siquiera, con lo que pensaba y sentía; estoy aquí, en pie, y logré un grado de Doctorado en Medicina, hice una Especialidad en Psiquiatría, tengo práctica privada, trabajo para uno de los hospitales psiquiátricos más renombrados del país y estoy escribiendo este libro sobre cómo vivir luego de la supervivencia: eso ¡es perseverar! No importa cómo qué o quién, la idea es seguir en pie. No importan las veces que caigamos, sino las veces que nos levantemos. Hasta que llegue un buen día que nos levantaremos airosas o airosos y no vamos a caer NUNCA JAMÁS. Estas tres herramientas ayudan a romper con la mordaza impuesta en la niñez y a empezar a hablar sin miedo a lo ocurrido. Al principio es recomendable decirlo a aquellos con quienes has desarrollado confianza y lo compartas cuando te sientas cómodo(a). Por eso, un profesional experto en la materia o un consejero pueden ayudarte en esa tarea. Renunciar a desarrollar estas tres cualidades sería hundirse en el abismo de la depresión, la baja autoestima y la muerte en vida (sino se comete suicidio). Estas tres cualidades se observan precisamente en la elasticidad emocional o resilience. Esto comprende respuestas flexibles y abiertas de tipo emocional, cognoscitivo y en el comportamiento hacia las adversidades agudas o crónicas que se presenten en cualquier escenario. La elasticidad emocional no es una cualidad que sólo la puedan desarrollar unos pocos. Más bien, es la actitud que se adopta al lidiar con la adversidad (Neenan, 2010). Para desarrollar la elasticidad emocional es necesario fijar un norte, unas metas y que se trabaje arduamente hacia ellas. Esto involucrará que, quizás, se tengan que descartar creencias que puedan ser limitantes, para darse la oportunidad de probar creencias nuevas aunque no sean las que se aprendieron de la familia. Es necesario tener una mente y un corazón abiertos. Desensibilizarse de las posibles críticas que los conocidos hagan también va a servir de mucha ayuda. Aunque algunas veces me resistía a los cambios que ocurrían durante el proceso, pude constatar que una vez me dejaba llevar y perseveraba en ellos, me sentía más libre y feliz conmigo misma. Una vez se prueban momentos de seguridad, paz, amor y felicidad verdaderos no se pensará en volver atrás.

Como habrá podido darse cuenta, el abuso sexual es una condición bien compleja, en la que hay que abarcar lo físico, lo emocional, lo psicológico y lo espiritual. Así se puede lograr, con efectividad, la sanidad completa e integral de los sobrevivientes. Con solo un recurso no podemos atacar este problema.

CAPÍTULO V

Nota al personal de ayuda

En un momento de mi vida que estuve pasando por mucha presión en mis estudios y muchos cambios personales utilicé la asistencia psiquiátrica para tratar de sobrellevar un episodio de Depresión Mayor Severa. ¡Esto es grande decir que una psiquiatra usó medicamentos en algún momento de su vida! Y aquí, quiero aprovechar para aclarar un punto bien importante: nosotros, los psiquiatras, somos SERES HUMANOS con sus virtudes y sus defectos. Lo fuimos antes de culminar la residencia, el grado doctoral en Medicina e, inclusive, antes de entrar a Ciencias Naturales (cuando algunos ni siquiera sabíamos que íbamos a estudiar para ser médicos). Somos seres bien sensibles y por eso escogimos la profesión de Medicina para proveer sanación y alivio al dolor ajeno. No podemos perder de perspectiva que no estamos exentos de enfermedades, mucho menos de las mentales. Y digo más, el hecho de que los profesionales hayamos tenido un historial de Depresión Mayor, de Trastorno de Pánico, de PTSD (*Post-Traumatic*

Stress Disorder), de Trastorno de Personalidad Fronteriza o de Trastorno Bipolar, entre muchos otros que explica el DSM IV-TR (*Diagnostic Statistical Manual Fourth Edition Text Revised*); no quiere decir que seamos vulnerables o menos competentes que otros colegas que no hayan pasado por esas experiencias. He leído sobre profesionales del campo de la Salud Mental de mucho renombre internacionalmente que han pasado por experiencias bien dolorosas. Ellos han hecho un trabajo interno con sus vidas y han utilizado la autorevelación con propósitos terapéuticos con sus pacientes y con toda una comunidad, a través de libros, charlas, periódicos y talleres, entre otros. Como ejemplos están el Dr. Daniel Fischer, psiquiatra muy famoso en los Estados Unidos, y la Dra. Jamison, psicóloga clínica que narró su lucha contra su condición de Trastorno Bipolar a través de su libro titulado *An Unquiet Mind*. Con mucha humildad digo: hay que ser muy valiente y tener mucha autoconfianza y una autoestima estable para llegar a la autorevelación.

El Departamento de Salud de los Estados Unidos presentó una monografía escrita por varios autores, todos profesionales en el área de la Salud Mental, en la que se hablaba acerca de las bondades y los beneficios de la autorevelación. También hago hincapié en un punto sumamente importante que me ayudó a entender el proceso por el que pasan mis pacientes y fue, precisamente, entender mis procesos y trabajar para sanarlos. El haber buscado ayuda profesional me ayuda a tener más empatía con mis pacientes, pues entiendo mejor por lo que están pasando. También me ayuda, hacer lo que se conoce como disociación instrumental. Es decir, a pesar de que tuve experiencias bien similares a las de mis pacientes, hay un límite que uno, como terapista, se debe trazar para no identificarse con la realidad del paciente al punto de perder la objetividad. Aparte de que, cuatro ojos ven mejor que dos, por lo que otra persona, en el lugar del terapista, puede ser más objetivo y ayudar a ver y a enfrentar realidades que a uno se le hace bien difícil trabajar y aceptar. Un ejemplo que encuentro muy jocoso es que, por más erudito e ingenioso que sea, un cirujano no se puede operar a sí mismo. Entonces, ¿cómo pretendemos darnos terapia y automedicarnos? Por eso, con mucho respeto me atrevo a hacer una crítica constructiva a la frase: "Médico, cúrate a ti mismo". Parte de la autosanación es buscar en otros los recursos necesarios para nuestra recuperación y saber reconocer nuestros límites humanos.

¿Por qué no se fomenta la ayuda? ¿Existe todavía en los comienzos del siglo XXI prejuicios y rechazo a aquel médico que padezca o padeció de alguna enfermedad mental? Si queremos que nuestro entorno progrese y evolucione, entiendo que debemos cambiar la mentalidad arcaica de ver a las enfermedades mentales como tabú y movernos hacia un modelo de sanidad más viable que el que tenemos hoy día. Por eso a ti, profesional de la Salud Mental (psiquiatra, médico de otras especialidades, psicólogo, consejero, trabajador(a) social), que quizás estás pasando por un momento difícil en tu vida y sientes que se te agotan los recursos, te exhorto a que te unas a un modelo de vida más saludable y empieces a conocerte sin ataduras ni prejuicios. Si usted es profesional de la Salud Mental y ha tenido o tiene estresantes significativos en su vida y lee estas líneas, le recomiendo que se autoevalúe y pondere la alternativa de buscar ayuda para resolver sus situaciones. NO SE QUEDE SOLO(A) CON EL PROBLEMA. Negarlo pudiera repercutir en que usted pierda toda objetividad, se drene mentalmente y no pueda ser agente de ayuda para sus pacientes. Les propongo a los encargados de todos los programas de adiestramiento relacionados con la Salud Mental que, como requisito, los estudiantes, internos o residentes, se sometan a un proceso psicoterapéutico. Quienes pasamos por ese proceso, tenemos la ventaja de que nos conocemos más y tenemos valiosas herramientas adicionales para ayudar a nuestros pacientes.

Al público en general les digo: Si buscar ayuda para otros es tan valioso y reconfortante, ¡IMAGÍNATE LO QUE PUEDE HACER POR TI!

Capítulo VI

La Soledad como elemento terapéutico

El vacío perfecto (Reflexión)

R ecuerdo que hace poco estaba en compañía de familiares y amigos. Todos me procuraban; algunos, muy discretos y sabios al manejo de mi tiempo y el suyo, pero con ánimos de compartir calidad de tiempo. Otros, atosigaban mi tiempo con actividades y mi agenda estaba a punto de reventar. Pero todos con los mejores deseos e intenciones de hacerme sentir feliz. Solo son momentos y estos espacios duran por ratos. Por eso, cuando todos se van y te quedas sin compañía, te llega esa sensación inevitable de vacío.

Algo tengo que confesarles acerca de cómo veía la soledad. Mejor dicho, cómo la entendía a la luz de los maestros que tuve desde pequeña, los cuales me enseñaron sus teorías sobre este gran estado: "La soledad duele", "Es mejor estar solo que mal acompañado", "Fulano murió solo... ¡Bendito!", "La terrible soledad que me está matando", eran algunas de muchas enseñanzas sobre este tema, que hacían que le entrara a uno un inmenso pavor en el centro del pecho y había veces que llegaba hasta el alma. Fueron frases que se quedaron grabadas en mi mente y eran las que, inconsciente y conscientemente, dominaban mi vida, mi forma de tomar decisiones, mi relación con mis padres, hermanos, tíos, primos, amigos, novios, esposos, jefes y hasta conmigo misma. Cuando apenas era adolescente fue preciso oír cuántas veces proclamé, con gran estoicismo, a mis amigas: "Yo jamás dependeré de nadie para ser feliz... mejor sola que mal acompañada".

Luego, pasa el tiempo y veo con novios a mis amigas más cercanas, algunas listas para entrar en el contrato-compromiso de "hasta que la muerte los separe". Con esa película vienen las siempre esperadas preguntas y comentarios de vecinos, familiares y amigos: "¿Tienes novio?", "Oye ya creo que debes echarle una miradita a los chicos a ver qué ves por ahí, sino te quedarás para vestir santos". Algunos, los decían con tono de lástima y compasión; otros, con una soslayada mofa decían: "Mijita no te preocupes que lo tuyo llega". Yo no decía nada por ser cortés y porque tenía la voz de mi madre detrás de mi cabeza exclamando: "Hija, no se ve bien que les contestes a las personas de esa manera... Sé amable con la gente... Las mujeres decentes son comedidas al hablar, discretas." Miren, mi gente, lo menos que a uno le interesaba era tragarse esas palabras y esos sentimientos en pos de ser discreta y elegante. Era un contínuo bombardeo de creencias, de ideas que sutilmente socavaban mi mente y las mentes de nuestra juventud. A todo esto, seguía sola. Se fue cerrando el círculo de amistades hasta que se convirtió en uno. Sola yo, sin nadie con quien compartir mis alegrías, mis vivencias, mis penas. Unos pocos, cuando se acordaban de mí llamaban brevemente para saber cómo estaba. Toda la conversación se iba en hablar de los logros alcanzados en su matrimonio, lo mucho que sus maridos las amaban y exhibían el orgullo de madre, sus hijos, cual trofeo viviente e inocente de la madeja de confusiones y sinsabores que se compone nuestra sociedad.

Estos golpes bajos a la autoestima van socavándola lentamente hasta que uno se rinde, baja los estándares y ahí, como un gran galán, aparece el primer sapo de letrina vestido de macharrán (perdonen chicas, pero las cosas hay que decirlas como son), el príncipe azul. Uno cae en el mismo abismo de nuestra sociedad. Por miedo a esa "terrible soledad" escogemos desatinadamente y cometemos nuestro primer error existencial. Ese error puede marcar, en algunos casos, nuestras vidas. Porque algunas mujeres caen en círculos nefastos de violencia doméstica o no viven para contarlo. Luego de que pasen aproximadamente dos años, las hormonas encargadas del hechizo del enamoramiento llegan a su nivel base. Es cuando al príncipe azul se le sale la barriga, se le va la iniciativa, se le empiezan a brotar los ojos y empiezan a aflorar los vestigios de letrina que nunca se quisieron ver cuando eran no-vios. ¡Ahora es que empieza lo lindo! Y uno dice: "En tamaño lío me he metido... esto no era lo que yo quería", Entonces, es cuando se empiezan a añorar los momentos de soltería, el ansia de tener un espacio consigo mismo. Pero ya se tienen hijos, propiedades, responsabilidades que atan y se piensas no sólo dos, sino setenta veces siete. Quienes logramos salir de relaciones altamente peligrosas y disfuncionales, las que nos atrevimos a decir "Basta ya", dimos un salto a una nueva vida con esperanzas de por fin tener nuestro tiempo y recapacitar sobre los errores cometidos. Hacer ese examen de conciencia es vital y necesario. De él depende nuestro futuro para rehacer nuestras vidas.

Te hablo con sinceridad. Esta vez no te dejes envolver en la telaraña de la sociedad. En estos cinco años y medio he meditando sobre lo que ha sido mi vida hasta ahora luego de un divorcio. He estado conmigo misma limpiando el polvo de mi alma, organizando el gavetero de los sentimientos, aceitando la máquina de la razón, echándole agua y abono a la plantita del Amor y pidiéndole ayuda a Dios para que me prepare a ver la soledad de manera distinta. Es entonces cuando uno encuentra que la felicidad no está en un hombre o en una mujer, ni está en un trabajo, tener hijos o escribir un libro. La verdadera felicidad es cuando te encuentras con ese Ser Supremo que te creó a Su imagen y semejanza. Se te olvidan las vergüenzas que sufriste en el pasado y la incertidumbre y el miedo al futuro. Sólo disfrutas conscientemente del aquí y el ahora. Así, en medio de tanta soledad, descubres quién realmente eres, hacia dónde te diriges y con quién estás. Entonces, empiezas a sonreír, cambias tu perspectiva de la vida, amas con libertad y echas afuera el miedo. Yo decía que me iba a encontrar conmigo misma, y a quien realmente encontré fue a Dios en mi corazón. Ese Gran Amor, paciente, todo un Caballero, esperando a que yo lo acepte.

Una vez conoces a ese Gran Amor de tu vida, jamás te sentirás sola. Y ese miedo que sentías se irá por completo, porque ya encuentras tu verdadero Ideal y tu razón de vivir. Es entonces cuando, por fin, comienzas a amar.

Esta reflexión fue escrita durante un momento en el cual anhelaba estar a solas. Ante tantas responsabilidades profesionales y familiares se nos olvida sacar tiempo para nosotros mismos. Ese detenerse a pensar en metas, anhelos y proyectos es bien importante para que uno evalúe si está en el camino correcto o si necesita tomar otras decisiones que lo lleven a las metas que quiere. Las metas de cada cual son únicas e individuales. Lo saludable sería que no fueran negociadas con nada ni con nadie. Puede ser una meta el ser madre, tener una profesión, trabajar para el crecimiento espiritual o un cambio de trabajo. A muchos sobrevivientes de abuso infantil se les hace difícil sacar el tiempo para estar con ellos mismos. Es tan abrumador pensar en el pasado o encontrarse con alguien a que realmente no se conoce... ¡Y ERES TÚ MISMO(A)! Por esta razón es necesario, y más para los sobrevivientes como nosotros, tener estos espacios para buscar y conocer a los seres tan maravillosos que hay en nosotros mismos.

Claro está, hay veces cuando la soledad no es lo más recomendable, especialmente cuando se tiene un episodio de Depresión Mayor o de ideas suicidas. La mayoría de los sobrevivientes que han estado aislados de amigos y familiares, han intentado suicidarse o lo han logrado. Éste es un momento en el que el (la) sobreviviente necesita compañía y apoyo, que no lo juzgue o critique.

Por otra parte, los momentos de soledad nos sirven para hacer una buena reestructuración cognoscitiva de los pensamientos e ideas que aprendimos durante la niñez. La reestructuración del pensamiento es un proceso en el cual se evalúan las creencias, los pensamientos e ideas erróneas y limitantes que hemos aprendido a lo largo de nuestra vida. Es como renovar el guardarropa mental. A medida que maduramos cronológicamente, también los pensamientos toman otros giros. Déjenme decirles algo importante: ninguna de las cosas que nos dijeron que nos dolieron tanto,

NINGUNA, fueron ciertas. Todas ellas vinieron de personas con raíces de amargura, de niños heridos en cuerpos de adultos que repitieron, a su vez, conductas aprendidas de sus progenitores o cuidadores. No se le puede creer a algo que no tiene evidencia real, ¿cierto? Espero que, de ahora en adelante, puedan ver la soledad como un buen aliado en vez de verla como un martirio. Es un valioso tiempo de reorganización para salir del círculo vicioso en el cual hemos estado para por fin ver la luz. ¿Qué pudiéramos hacer cuando estamos con nosotros mismos? Ir al cine, a la playa, escribir en el diario, ver una obra de teatro, hacer ejercicios, tirarnos en la cama a hacer nada; las posibilidades son infinitas. Es el tiempo para hacer cosas por ti y para ti. ¿Por qué es tan importante conocerse a uno mismo? Esa pregunta cada cual la podrá responder a su manera. La mía fue para amarme más cada día, para poder amar a otros de manera correcta y saludable. Amar a otros como a nosotros mismos. ¿Cómo puedes dar algo que no tienes? ¿Cómo puedes amar saludablemente si no te amas ni te valoras a ti mismo(a)? ¡Ésta es la gran oportunidad de tu vida para conocer al maravilloso ser que hay en ti! ¡Ámalo y respétalo!

CAPÍTULO VII

La Dignidad

*"La dignidad real fue tuya desde el momento
en que naciste". Salmo 110:3*

*"Reconozco que lo puedes todo y que Eres capaz
de realizar todos Tus proyectos". Job 42: 1-2*

*"Más Yo haré venir sanidad para ti y sanaré
tus heridas, dice Jehová". Jeremías 30:17*

Con estos versículos comienzo a hablar de un
tema tan incomprendido, y a la misma vez, tan
necesario: la dignidad. Ese merecimiento que
tenemos todos los seres humanos de que se nos
reconozca, de sentirnos amados y de amar es necesario para
nuestro crecimiento emocional. Cuando a un niño se le suplen
todas sus necesidades físicas y afectivas, se convierte en un
adulto seguro, capaz de tomar decisiones sabias. Si ocurre lo
contrario, tenemos entonces a niños que quedan con marcas
en todos los niveles, desmoralizados, sin dignidad.

Y, ¿cómo se define la dignidad? Dignidad es la cualidad de ser digno. Se deriva del latín dignus, que significa ser valioso, es el sentimiento que nos hace sentir valiosos sin importar nuestra vida material o social. Es merecimiento, excelsitud, superioridad. La dignidad hace referencia al valor inherente al ser humano como ser racional, dotado de libertad y poder creador. Al reconocer y tolerar las diferencias entre las personas para que cada una se sienta digna y libre, se afirma la virtud y la propia dignidad del individuo, fundamentado en el respeto a cualquier otro ser. La dignidad es el resultado del buen equilibrio emocional. Es la autonomía propia del ser humano.

Cuando otro ser humano ejerce poder sobre otro y lo hace sentir indefenso y humillado, el primero le arrebata al segundo su dignidad. Y esto es lo que ocurre con el abuso infantil, principalmente con el abuso sexual. El agresor sexual, en ocasiones, utiliza lenguaje violento o humillante, lo cual tiene el propósito de castigar a la víctima. Ellos manipulan directa o indirectamente a sus víctimas para que se sientan culpables y con vergüenza hacia un acto que no cometieron. Muchos padres o cuidadores entran en negación y asumen la actitud de pensar que fue una mentira lo que el menor narró y también contribuyen a que la víctima calle y siga sintiéndose avergonzado y culpable.

Si usted como padre o cuidador pasó por esta experiencia con su hijo(a), hay varias alternativas que usted podría utilizar para ayudarlos:

1. Asuma el problema de que su hijo(a) fue abusado sexualmente. Generalmente, cuando el problema es tratado a tiempo y de manera efectiva, sus hijos pueden sobrevivir al abuso sexual. No importa el

tiempo que le tome la psicoterapia o el tratamiento, lo importante es que usted lo(a) apoye en su proceso de sanación.

2. Debe asumir que su hijo(a) NO ES RESPONSABLE del abuso sexual. No es saludable culpar a sus hijos por algo que no hicieron y de lo cual fueron víctimas. Ayúdelos con la responsabilidad de buscar sanación para sus síntomas y secuelas.

3. Aceptar la expresión de los sentimientos de la víctima. Esto ayuda a que la recuperación sea más efectiva. Como cuidador, dales la libertad a tus hijos de que expresen todo lo que sienten y no los juzgues. Aunque te duela o espante escuchar lo que dicen o te culpen por haber sido negligente, ESCÚCHALOS. Muchas de las víctimas de abuso sexual reprimen su enojo y desarrollan incapacidad para sentir coraje. Si este es el caso, motive a ese niño o a esa niña a que sean más sensibles a sus emociones y las expresen. Sacar la ira es lo más beneficioso para la psiquis de un ser humano. Es bien importante recalcar también que los niños abusados sexualmente pueden expresar sus sentimientos a través de la agresividad o el comportamiento sexual inapropiado. Es necesario enseñarles a canalizar estas emociones de manera adecuada. En caso de que usted tenga dudas sobre cómo ayudar a su hijo(a), puede consultar a un psicólogo o consejero experto en conductas de la niñez y la familia. Quienes fuimos víctimas de este tipo de abusos se nos hizo bien difícil expresar nuestras emociones. Tuvimos que formar una coraza para no sentir más dolor.

4. Estar SIEMPRE alerta al riesgo de suicidio. Las víctimas pueden llegar a pensar que son la causa del problema ante los sentimientos distorsionados de culpa. Esto se acrecienta aún más en familias en las que hay discusiones frecuentes, desunión, pleitos constantes y no hay comunicación. No hagan como un padre que tuve en mi consulta una vez, que dijo que su hija tenía "changuerías" al expresarle a su madre sus intenciones de quitarse la vida. Gracias a Dios la joven descartó las ideas de suicidio. No me quisiera imaginar el dolor y la culpa que ese padre hubiera sentido si su hija se hubiera suicidado. El sentimiento de culpa y la idea errónea de que traicionaron a su familia (a los seres que aman) por denunciar el abuso son inmensos, tanto que confunden a la víctima y pudiera estar más propensa a ver el suicidio como una opción. Por esta razón es que es bien importante no juzgarlos o culparlos cuando ventilen sus sentimientos. Una idea suicida SIEMPRE tiene que ser considerada con seriedad y buscar ayuda para el sobreviviente lo más rápido posible.

5. Tenga compasión. Sentir el dolor de su hijo(a) por la pérdida de su niñez le permite a él o ella salir de su agonía secreta y moverse al presente con mayor seguridad y control. Esto también le permite recobrar la dignidad que le fuese robada y lo(a) preparara para establecer relaciones saludables en un futuro. Es bien importante aclarar que la compasión no solamente es sentir lástima por lo que le pasó a su hijo(a), es "sufrir con y apoyar a lo largo de". Esto significa apoyarlo(a) y ofrecerle consejos, hasta que se recuperen y se sientan libres de los sentimientos negativos que experimentaron.

6. Estimúlelos a tener esperanza en el futuro. Para que una víctima adquiera mentalidad de sobreviviente es necesario que vea un futuro esperanzador. Recálquele sus fortalezas, anímelos a seguir adelante. Desde pequeña he tenido una característica que me ha destacado y entiendo que es la que me ha ayudado a salir adelante. Cuando alguien me decía que yo no podía o no era capaz de hacer algo, les demostraba lo contrario. Recuerdo que en sexto grado una maestra me dijo que dudaba mucho que yo llegara a la universidad con las actitudes que tenía. Me decidí a probarle lo contrario y aquí estoy. No dejen que otras personas le empañen su futuro con términos absolutistas de "nunca" o "siempre". Otro factor para desarrollar esperanza en el futuro es trabajar con las distorsiones que se tengan de la imagen de Dios o del Ser Supremo. Muchas veces llegué a pensar que no existía Dios porque pensaba que Él había permitido que me abusaran. Mucho cuidado con las personas que a usted le digan, o a sus hijos, que "Dios permite las tragedias para que...bla, bla, bla". Yo decidí creer en un Dios de Justicia y Amor. Él no va a querer que uno tenga quebrantos en la vida. Al contrario, ¡Él quiere que seas feliz! El ser humano tiene el libre albedrío (la voluntad) para escoger hacer el bien o el mal. Es el egoísmo que hay en algunos seres humanos enfermos lo que da paso a que haya odio, envidias, celos, guerras, crímenes, abusos, pobrezas; y la lista es larga. Hay datos clínicos que evidencian que los pacientes que más rápido se recuperan de su experiencia de abuso son aquellos que trabajan con su aspecto espiritual y desarrollan la confianza y la fe a través de la oración y la guía espiritual (Canavati, 2010).

Y si esta situación no ha pasado en su familia, hay varios puntos que debe considerar. El primero es ganarse la confianza de su hijo(a). Una manera de prevenir las situaciones de abuso es fomentar la comunicación, el diálogo y el amor, que los padres comuniquen afecto hacia sus hijos. Esto hace que el niño(a) se sienta en la plena confianza de contarles sus preocupaciones a sus padres, en un ambiente de cero juicios y de paz. Segundo, es bien importante que le enseñes a tus hijos a hablar con transparencia. Esto se logra bajo un clima de confianza. Donde hay estructuras rígidas, tabúes, censuras, críticas destructivas y hostilidad es imposible que aflore la confianza. Debe enseñarle a su hijo(a) que nadie puede tocar sus partes privadas ni entrar con extraños a baños o sitios apartados; o cualquier otra medida para evitar que el menor pueda estar vulnerable. Esto ayudará grandemente en la prevención de un abuso sexual. A continuación, daré unos consejos útiles que puede enseñarles a sus niños para que sepa cómo establecer límites adecuados con otras personas y, así, prevenir el abuso:

- Si su niño(a) se separa de usted en un lugar público, enséñele a que NO salga en busca de sus padres y no se mueva del sitio donde está. Mejor es que pida ayuda a un policía, a un dependiente, o agente de seguridad.

- Bajo ninguna circunstancia permita que sus hijos salgan de su patio o en de la escuela sin su permiso.

- Aunque el niño(a) conozca a la persona, dígale que NO acepte ninguna invitación para ir en su auto a ninguna parte.

- Que el niño(a) NO se acerque a alguien que lo vaya siguiendo a pie, en bicicleta o en un auto.

- Que el niño (a) NO acepte ir con alguien que le pida ayuda para encontrar a su mascota. El adulto se supone que tenga el entendimiento para la solución de problemas. No necesita a un niño(a) para resolverlos.

- Que el niño (a) NO se acerque al auto de alguien que esté pidiendo direcciones.

- Si alguien se acerca y le dice a un(a) joven que vino a buscarlo porque tiene un familiar en problemas, que le diga NO y, rápidamente, lo llame a usted. Hoy día, la mayoría de los niños y jóvenes tienen teléfonos móviles (celulares). Oriente a su hijo(a) para que los utilicen como una gran herramienta de ayuda y no solo para descargar ring tones o videojuegos.

- Permita que su hijo(a) desarrolle confianza en usted para que NO tenga que contarle sus secretos a otro adulto. Si alguien le pide a su hijo(a) que guarde un secreto, enséñeles que, de inmediato, se lo tiene que decir a usted o a un encargado de confianza.

- JAMÁS permita que su niño(a) sea fotografiado por un extraño. Dígale que NO se dejen fotografiar por ningún desconocido.

- Enséñeles a sus hijos a gritar tan fuerte como puedan y de forma sostenida en caso de que un extraño intente agarrarlos.

Estas pequeñas perlitas ayudarán a su niño(a) a defenderse mientras usted no esté presente.

¿Qué características posee una persona digna? La persona con un sentido saludable de dignidad está orgullosa de las consecuencias de sus actos, asume las responsabilidades de sus decisiones y actos, se siente y es libre, es autónoma, respeta sus límites y los límites de los demás, y tiene conciencia sólida.

Esto es, que está segura de sí y tiene un concepto sólido y saludable de sí. Todo ser humano merece vivir la vida con dignidad y respeto. Las consecuencias de llevar una vida indigna son nefastas. Entre las que se han descrito, sobresalen las siguientes:

1. Permanecen en patrones de relaciones enfermizas y maltratantes con posibilidad de consecuencias mortales.

2. Perpetúan la enseñanza de patrones de codependencia a todos los niveles (físico, emocional, psicológico) a generaciones futuras.

3. Restan energías para vivir una vida en libertad.

4. Padecen estados constantes de desesperación.

5. Sufren depresión, ansiedad y otros trastornos mentales serios.

¿Y en qué nos beneficia sentirnos y ser dignos de amor, respeto y valoración? El beneficio es que adquirimos verdadera autonomía y libertad. Nos proporciona la seguridad de ser y actuar como somos. No nos tenemos que medir, ni menos escondernos ante nadie. El aceptarnos hace que podamos sentirnos aceptados por otros y que utilicemos sabiamente nuestra capacidad de raciocinio. No tenemos que depender de lo que otro piense o haga; nosotros pensamos. Nos da el sentido de vivir en igualdad con el resto de la humanidad. Este punto lleva a que uno pueda tener mejor salud mental. Esto, a su vez, ayuda a formar individuos y sociedades más saludables y con muy poca tolerancia a la violencia. Ahora que sabes esta información es importante que mires y te enfoques en todas tus fortalezas y veas que superan, por mucho, tus áreas a mejorar.

VIVE CADA DÍA
CON LA CERTEZA
DEL Amor Y EL
Triunfo EN CADA
SITUACIÓN QUE SE
TE PRESENTE.

EN TI SE ENCUENTRA
TODO EL POTENCIAL
PARA SER FELIZ.

Capítulo VIII

La Confianza

La botella (un cuento)

Un hombre estaba perdido en el desierto, destinado a morir de sed. Por suerte, llegó a una cabaña vieja, desmoronada, sin ventanas ni techo. El hombre anduvo por la cabaña hasta que encontró una pequeña sombra donde acomodarse para protegerse del calor y el sol del desierto. Mirando a su alrededor, vio una vieja bomba de agua, toda oxidada. Se arrastró hacia allí, tomó la manivela y comenzó a bombear, a bombear y a bombear sin parar, pero nada sucedía. Desilusionado, cayó postrado hacia atrás, y entonces notó que a su lado había una botella vieja. La miró, la limpió de todo el polvo que la cubría, y pudo leer que decía: "Usted necesita primero preparar la bomba con toda el agua que contiene esta botella, mi amigo, después, por favor, tenga la gentileza de llenarla nuevamente antes de marcharse".

El hombre desenroscó la tapa de la botella, y vio que estaba llena de agua... ¡llena de agua! De pronto, se vio en un dilema: si bebía aquella agua, él podría sobrevivir, pero si la vertía en esa bomba vieja y oxidada, tal vez obtendría agua fresca, bien fría, del fondo del pozo, y podría tomar toda el agua que quisiese o, tal vez no, tal vez, la bomba no funcionaría y el agua de la botella sería desperdiciada. ¿Qué debía hacer? ¿Derramar el agua en la bomba y esperar a que saliese agua fresca... o beber el agua vieja de la botella e ignorar el mensaje? ¿Debía perder toda aquella agua en la esperanza de aquellas instrucciones poco confiables, escritas no sabía cuánto tiempo atrás?

Al final, derramó toda el agua en la bomba, agarró la manivela y comenzó a bombear, y la bomba comenzó a rechinar, pero ¡nada pasaba! La bomba continuaba con sus ruidos y entonces, de pronto, surgió un hilo de agua, después un pequeño flujo y finalmente, el agua corrió con abundancia... Agua fresca, cristalina. Llenó la botella y bebió ansiosamente, la llenó otra vez y tomó aún más de su contenido refrescante. Enseguida, la llenó de nuevo para el próximo viajero, la llenó hasta arriba, tomó la pequeña nota y añadió otra frase: "Créame que funciona, usted tiene que dar toda el agua, antes de obtenerla nuevamente".

Hay muchas lecciones que podemos aprender de esta historia. Una parte importantísima del proceso de sanación es aprender a confiar. Muchas veces tenemos miedo de iniciar un nuevo proyecto porque demandará una gran inversión de tiempo, recursos, preparación y conocimiento. O, tal vez, porque hemos tenido experiencias pasadas en la que nos hemos sentido fracasados. O porque no vemos un presente muy alentador. Muchas veces vemos personas que no se atreven a tomar decisiones con una gran posibilidad de triunfo por miedo al fracaso. Se quedan paradas en un círculo de maltrato, infelices con ellas mismas y el mundo que las rodea, cuando podrían lograr grandes victorias. Muchas veces se nos presentan grandes oportunidades y que pueden ayudarnos a ser mejores personas o pueden abrirnos puertas nuevas que nos conducen a un mundo mejor; pero tememos y no confiamos. La vida es un desafío, ¿por qué no nos arriesgamos?, ¿por qué no creemos? El tren pasa algunas veces por nuestra vida cargado de cosas. Podemos arriesgarnos y subir o dejarlo pasar. ¿Y si no vuelve? ¿Y si esa oportunidad que hoy dejamos pasar no se repite? Hay que lanzarse. Si no funciona, se sigue buscando. Alguien me dijo una vez que el fracaso es el triunfo al revés. El fracaso es la oportunidad para analizar qué anduvo mal para mejorarlo e intentarlo de nuevo con la esperanza de que en el próximo intento el éxito se obtenga.

TODOS TENEMOS
EL DERECHO A DECIR
NUESTRA VERDAD.

CAPÍTULO IX

Acerca del perdón...

"Perdonar no cambia tu pasado, pero agranda tu futuro."

-Autor desconocido

Perdonar es uno de los retos más grandes para el(la) sobreviviente y se convierte en un gran dilema . No obstante, muchos consejeros y terapeutas coinciden en que el perdón es un paso crucial para la sanación. Según el Diccionario de la Real Academia Española, la palabra perdonar proviene del prefijo per, que significa "pasar por encima de, adelante, cruzar" y del verbo latino donāre, que significa "donar, regalar, obsequiar". Esto implica la idea del cese de una falta o error. En mi experiencia, he visto que el perdón es una decisión que uno toma y un proceso; no debe ser forzado, coaccionado o manipulado, debe salir libre y espontáneamente de la persona que lo quiera ofrecer. La decisión de perdonar comienza una vez se haya procesado la pérdida. Por lo general, en un proceso de pérdida se pasa por varias etapas: el shock o asombro, la negación, la negociación, el coraje o depresión, hasta que finalmente llega a la aceptación. Una vez uno acepta los hechos como ocurrieron, se le hace más fácil decidir perdonar. Cuando uno decide hacerlo entra en un proceso en el que debe ir manejando las emociones que afloran de los recuerdos de un evento o de un pensamiento para ir añadiendo otros pensamientos que genere otro tipo de emociones. Por eso es que el perdón es un proceso.

Mucha gente tiene la creencia de que perdonar es olvidar todo lo que pasó. Debido a la naturaleza de nuestro mecanismo de memorias (remota, reciente e inmediata), el olvidar se hace muy complicado. Se cree que el mecanismo está hecho de esa manera para que podamos aprender de nuestras experiencias. Una vez pasa un evento, este se va guardando en diferentes niveles. El hipocampo, junto con la amígdala, se entiende que pueden tener un rol bien importante en el proceso de aprendizaje, procesamiento y rescate de la información. Asimismo, se relaciona una emoción con el evento. Por eso es que cuando pensamos en un evento en particular, también sentimos una emoción que lo acompaña. Cuando el evento es traumático, se guardan emociones de ansiedad, tristeza, coraje, confusión, asombro, asco o ira. La mayoría de las veces, se cree que es la emoción asociada con el evento la que hace que se generen otras ideas sobre la situación y aumente su intensidad. De ahí se derivan los famosos *flashbacks*, que son recuerdos de eventos traumáticos asociados con una emoción intensa. Estos *flashbacks* los tienen los veteranos de conflictos bélicos, personas que han sobrevivido a desastres naturales, a asaltos, robos o violaciones, y también en los sobrevivientes de abuso sexual. Una vez entra una información asociada a una emoción intensa al sistema de memoria, es bien difícil olvidarla. No obstante, hay mecanismos de defensa, como lo son la supresión y la disociación, en lo que la persona puede que no recuerde el evento traumático pero sí pudiera, en algún momento, experimentar las emociones asociadas al mismo. Es por esta razón que existen diferentes modalidades psicoterapéuticas que tienen el propósito de trabajar con los síntomas que experimenta el(la) sobreviviente, según sus mecanismos de defensa. ¿Recuerdan que hace unos capítulos atrás mencioné una técnica para desligar la emoción del pensamiento? ¿Qué tiene que ver esto con el proceso de perdón? Para perdonar el(la) sobreviviente tiene que estar consciente de lo sucedido y analizarlo con objetividad. Mientras tenga ira, miedo, ansiedad y no pueda manejar con efectividad la emoción; se pierde la capacidad de ser objetivo.

Una forma a través de la cual los sobrevivientes pueden visualizar el perdón como alternativa es reconocer sus beneficios. Un ejercicio útil es preparar una tabla con sus ventajas y desventajas. Ver las razones por escrito ayuda, muchas veces, a ver el perdón con más objetividad para visualizar mejor las alternativas. Este es un buen ejercicio que también puede aplicarse para tomar decisiones. Es bien importante que escriba en un lugar cómodo, sin interrupciones de ninguna clase, para que pueda concentrarse efectivamente. Más adelante verá un ejemplo de cómo puedes hacer este ejercicio.

Perdonar

Ventajas/Beneficios	Desventajas/Consecuencias
1	1
2	2
3	3
4	4
5	5

Luego de que complete la tabla, va a darle valor a las ventajas y a las desventajas que escribió con los números del 1 al 10, según la importancia que tenga para usted. El 1 corresponde a lo menos importante y el 10, a lo más importante. Recalco que la valoración sea según lo más importante para usted, no para sus padres, su familia, su esposo(a) o mejores amigos, sino PARA USTED. Una vez haya completado este ejercicio, se dará cuenta de que va a tener más claridad sobre su situación y puede tomar mejores decisiones.

Puedo hablar desde mi experiencia en la que encontré grandes beneficios cuando decidí perdonar a mi agresor, a mi familia, y a mí misma. Durante el proceso reconocí que el perdón no era para que el agresor quedara libre de responsabilidad o de culpa; su responsabilidad es su asunto. En realidad estaba librándome de una responsabilidad que no es mía. O sea, el perdón es PARA USTED, valeroso(a) sobreviviente.

Una creencia limitante que tienen los sobrevivientes y que genera mucho coraje cuando no se da es esperar que el agresor o su familia ofrezcan sus disculpas. Suele pasar con bastante frecuencia que el agresor no reconoce su responsabilidad en el asunto y la familia actúa en negación de los hechos. Cuando vaya a enfrentarse al agresor tiene que pensar en la posibilidad que él asuma una actitud de defensa o que vuelva a culparla del abuso. No obstante, mi querido(a) sobreviviente, que esto no lo(a) detenga o desanime en sus intenciones de ser libre y feliz. Usted sabe que el perdón es para usted. Si el agresor no quiere aceptar y trabajar con su responsabilidad, ese es su problema y su responsabilidad, no de usted.

Estudios clínicos demostraron que las personas dadas a perdonar presentan mayor energía, mejor apetito y patrones de sueño más saludables. El efecto que tuvo perdonar a quien abusó de mí fue de tranquilidad y de paz interior. Pude tomar control de mi vida y sentirme más segura de mí. Hasta cambió la manera como tomaba decisiones. ¡Ya no tenía esa carga pesada sobre mis hombros! Mis inseguridades disminuyeron vertiginosamente. Luego me perdoné.

Voy a contarle una anécdota que me sucedió antes de escribir este capítulo. En horas de la madrugada del Jueves Santo de 2011, 21 de abril, organizaba en mi mente lo que iba a escribir sobre el tema que estoy tratando en este capítulo. Me puse a reflexionar, a hacer mi examen de conciencia diario y me pregunté: ¿has perdonado a quienes te han hecho daño? Contesté afirmativamente. Me sentía tan segura de mí al repasar en mi mente cuando perdoné a mis padres, mis hermanos, mis primos, mis abuelos, mis tíos, a las maestras que no creyeron en mí, a todos los compañeros del colegio que me acosaban y se burlaban de mí, a los sacerdotes y religiosas que me habían enseñado la imagen de un Dios tirano y castigador, a mi ex-esposo, a mis amigos, a mis compañeros de trabajo y colegas porque algunas veces no me sentía comprendida o respetada por ellos, al amor de mi vida porque prefirió estar con otra mujer antes que conmigo y no me correspondía y a Dios por yo haber pensado erróneamente que Él había sido el causante de mis desgracias. Cuando llegó a mi mente la pregunta: ¿Te has perdonado a ti misma? Mi mente se quedó en blanco por unos segundos. No sabía qué contestar. Luego, fue como si oyera dentro de mí la voz de mi niña interior diciéndome: Hice lo mejor que pude... hice lo mejor que pude... ¡hice lo mejor que pude! Acto seguido, las lágrimas brotaron. A la 1:29 am, sola en mi cuarto, lloraba de alegría. Aquel fue un llanto de liberación, de felicidad. Pude tener un diálogo con mi niña interior y le dije que sí, que definitivamente hizo lo mejor que pudo con los recursos que tenía. Le dije lo mucho que la amaba, admiraba, valoraba y respetaba. Le dije que todo iba a estar muy bien de ahora en adelante. Este ejercicio me generó un nivel de confianza en mí aún más alto. El miedo se disipó. Ya no rondaban por mi cabeza las inseguridades de antes. Fue cuando entendí que me había perdonado.

Capítulo X

Epílogo: La Libertad

*"En definitiva, 'libertad', no es más que
otra palabra para referirse al amor".*
Anthony De Mello (1931-1987)

Una vez soñé que estuve en la cárcel porque me culparon de algo que no había hecho. En ese presidio pensé: "Bueno, esto es lo que siempre pasa. ¿Cómo voy a salir de aquí si no tengo pruebas de que lo que digo es cierto? Nadie me va a creer". De pronto, un guardia, con voz fuerte y grotesca, me dijo: "Su pedido fue concedido. Tiene un pase para irse con su familia a visitar enfermos". Dentro de ese sueño no podía creer lo que pasaba. El mismo día que me metieron en la cárcel, me permitieron visitar enfermos. ¿Qué clase de institución era aquella? Detrás del guardia, venían mis padres. Salí con mis padres para hacer mis gestiones, visité a gente que estaba oprimida y con dolores fuertes, de esos que compungen y desgarran el corazón. Me di cuenta que al ayudar a otros me sentí libre. Me apoderé de la seguridad en mí misma. Hasta se acercó un abogado para decirme: "¡ERES LIBRE!". Luego, como si cayera en un embotamiento y confusión con lo que vivía, pensé en aquella cárcel y me invadió un sentimiento de nostalgia. Era como si, después de tener la libertad en mis manos, quisiera regresar a estar atrapada y presa. La cárcel era lo que conocía y a lo que estaba acostumbrada. Le dije a mi madre: "Llévame a prisión otra vez, consígueme un cepillo, pasta de dientes, jabón, perfumes, ropa, zapatos, maquillaje, comida, etcétera". Y así desperté de esa pesadilla cuyo último recuerdo fue verme encerrada detrás de aquellos barrotes mientras le hacía el pedido a mi madre. Totalmente dependiente como una chiquilla, sin norte y sin rumbo, sin decidir nada por mí y para mí. Ese sueño fue bien sanador. En él se mostró la razón por la cual no me sentía libre, que era la clave para tener éxito en mi vida. Este sueño es parte del sentimiento de ideas encontradas que pueden exhibir los sobrevivientes de abuso cuando les muestran, por primera vez, la idea de que pueden ser libres del maltrato, de la baja autoestima, de los pensamientos negativos, los sentimientos de impotencia y la crueldad. Es bien larga la lista de pensamientos y emociones que pasean por la mente de los sobrevivientes. Muchas veces los sueños pueden ser herramientas útiles para descubrir las emociones reprimidas y las ideas con las cuales uno puede trabajar. Estas son ideas que salen del inconsciente al consciente. Muchos expertos en el área de la psicología han propuesto que la información onírica puede ayudar a la identificación de elementos que hayan sido suprimidos por el inconsciente y subconsciente. Esto hace que la persona pueda identificar sus miedos, deseos y anhelos a través de la descodificación de los símbolos expresados en la etapa onírica. Me gusta ver a los sueños como si fueran válvulas de escape de la mente, muchas veces con información interesante y valiosa para trabajar en un proceso de psicoterapia. Precisamente, en este sueño que acabo de describir, se muestra un elemento importante: la cárcel. ¿Cómo se siente una persona que ha pasado por una desgracia y siente que ha perdido su dignidad, su norte? ¿Cómo funciona una persona que está atrapada en pensamientos de duda, inseguridad, impotencia y desconfianza? Se siente desamparado, con la sensación de que se encuentra solo ante el problema y, muchas veces, se sienten EN UNA CÁRCEL. Yo me sentí exactamente igual hace mucho tiempo. No fue hasta que descubrí que yo, y sólo yo, tenía la libertad de escoger qué pensar, cómo hacerlo, cómo sentirme y cómo regir mi vida sin hacerme daño a mí o a otros. Eso es LIBERTAD.

En usted está la libertad de escoger darle más importancia a pensamientos positivos, de esperanza. Es usted quien puede modificar su lenguaje, cómo se trata a usted mismo, a su pareja, a sus hijos. Muchas personas se quedan como eternas víctimas de su pasado, permanecen con pensamientos, actitudes y emociones que, quizás, a corto plazo, logran que un alma compasiva les coloque la mano en sus hombros y les digan: "Tranquila(o)... todo está bien". Y no estoy diciendo que dar apoyo y una palabra de aliento cuando se tiene la necesidad, no se deba hacer. Al contrario, ¡es más que necesaria! A lo que me refiero es a los hombres y mujeres que permanecen estancados en actitudes de víctimas. La actitud de víctima viene de pensamientos irracionales y limitantes que no hacen otra cosa que perjudicar a quien la asume y le arrebata la oportunidad de ser él mismo o ella misma. No será hasta que trabaje consigo mismo, acepte, confíe y persevere, que se dará cuenta de que cada día da un paso hacia su libertad. De víctimas pasamos a ser sobrevivientes, y de ser sobrevivientes, pasamos a ser conquistadores. El(la) conquistador(a) es la persona que ha vencido el pasado y no está atada a los recuerdos del agresor o del abuso. En usted está la decisión de ser libre, de ser feliz, de disfrutar y de amar. No importa cuán triste haya sido su pasado; no importa cuán afligido, humillado o mancillado se haya sentido: ¡USTED PUEDE SER FELIZ! A pesar de sus circunstancias pasadas o presentes, ¡PUEDE ASPIRAR A LA LIBERTAD, A LA FELICIDAD! Y, asimismo, ayudar a otros a sentir esa libertad y a hacer de este mundo uno renovado con Verdadero Amor.

Espero que la experiencia de leer este libro le ayude a ver su vida desde la perspectiva de la sanidad, del amor y del gozo.

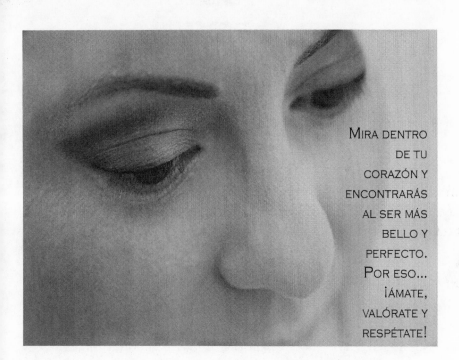

Mira dentro de tu corazón y encontrarás al ser más bello y perfecto. Por eso... ¡ámate, valórate y respétate!

APÉNDICE I

Las seis emociones primarias

Miedo	Anticipación a una amenaza o peligro que produce ansiedad, incertidumbre e inseguridad.
Sorpresa	Asombro, sobresalto, desconcierto. Generalmente, es muy transitoria y puede dar una aproximación cognitiva al suceso que la causa.
Aversión	Disgusto, asco para alejarnos de lo que nos causa repugnancia.
Ira	Rabia, enojo, resentimiento, furia, irritabilidad. Nos induce a la destrucción.
Alegría	Euforia, diversión, gratificación. Da una sensación de seguridad y bienestar. Nos da paso a reproducir aquel suceso que nos hace bien.
Tristeza	Pena, soledad, pesimismo. Nos puede motivar hacia la reintegración personal.

APÉNDICE II

Desarrollo Cognoscitivo, según Piaget

Etapa Sensorial y Motora (0-2 años)	1) Comienzan a reconocer su exterior a través del desarrollo del olfato y la audición 2) Reconocen el rostro materno 3) Comienzan a aprender lo que es permanencia de un objeto
Etapa Preoperacional (2-5 años)	1) Desarrollo del razonamiento y del juego simbólico 2) Desarrollo de la memoria a corto plazo 3) Habilidad para recordar eventos y datos
Etapa Operaciones Concretas (6-11 años)	1) Surge la memoria declarativa 2) Su hablar se convierte en uno más social 3) Habilidad de aceptar y reconocer el punto de vista de otros
Etapa Operaciones Formales (12 años hasta la adultez)	1) Elaboran las destrezas para procesar información 2) Desarrollo del pensamiento abstracto período de mayor 3) Ejecutoria cognoscitiva: entre los 20 y los 40 años

APÉNDICE III

**Etapas del desarrollo moral
(Teoría de Kholberg)**

Moralidad preconvencional (4-10 años)

- Nivel I - Se basa en el control externo. Los niños observan los estándares de otras personas para evitar un castigo u obtener un premio.

**Moralidad de conformidad
con un rol convencional (10 a 13 años)**

- Nivel II - Los niños quieren agradar a otras personas. Interiorizan los estándares de las figuras de autoridad. Son capaces de asumir los roles lo bastante bien como para decidir si una acción es buena para estos estándares.

**Moralidad de principios morales
autónomos (mayor de 13 años)**

- Nivel III - La persona reconoce la posibilidad de conflicto entre los estándares socialmente aceptados y trata de decidir entre ellos. El control de la conducta es interno, ambos estándares se cumplen y se razona acerca del bien y el mal.

Apéndice IV

Factores que influyen en la expresividad sexual

Factores personales

- Edad de inicio de los cambios puberales
- Conocimiento e información sobre la sexualidad
- Autoestima
- Capacidad de toma de decisiones.
- Valores personales (éticos, morales, religiosos)
- Estilos de vida

Factores familiares

- Estructura familiar
- Afecto y expresividad
- Tipo de interrelación
- Normas familiares
- Ejemplos familiares

Factores sociales

- Presión de pareja o grupo
- Oportunidades educativas, laborales y recreativas
- Nivel social
- Medios de comunicación social
- Normas sociales
- Patrones culturales

APÉNDICE V

Recursos

PUERTO RICO

**Centro Holístico para el Bienestar
de la Salud Mental, CSP**
P.O. BOX 547, Gurabo P.R 00778
(787) 656-3198; (787) 719-6463
www.bienestarmentalpr.com

Casa Protegida Julia de Burgos
San Juan: (787) 723-3500; (787) 722-7222
Ponce: (787) 284-4303
Aguadilla: (787) 891-2031
Río Grande: (787) 887-5555

Procuradora de las Mujeres
(787) 722-2977; (787) 697-2977
Libre de costo: TTY (787) 925-7676; TTY (787) 938-2977
www.mujer.gobierno.pr

Coordinadora Paz para la Mujer
(787) 281-7579
www.pazparalamujer.org

Casa Pensamiento de Mujer del Centro, Inc. (Aibonito)
P.O. Box 2002, Aibonito, PR 00705
(787) 735-3200 y (787) 735-6698
amarilis_pj@yahoo.com

Centro Mujer y Nueva Familia (Barranquitas)
Apartado 847, Barranquitas, PR 00794-0847
Teléfono y fax: (787) 857-4685
cmujer@coqui.net

Programa de Prevención de la Violencia hacia las Mujeres, Universidad de Puerto Rico en Humacao
Programa universitario (gubernamental) (Humacao)
100 Carr. 908, CUH Station, Humacao, PR 00792
www.uprh.edu/~ppvm

Centro de Ayuda a Víctimas de Violación
(CAVV) (San Juan)
Dept. Salud, P.O. Box 70184, San Juan, PR 00936-8184
San Juan (787) 765-2412
Caguas (787) 745-0808
Arecibo (787) 817-3054
Mayagüez (787) 832-5053 Ext. 121
Ponce (787) 844-0101 Ext. 307
Emergencia Metro: (787) 765-2285 (en horario laborable de
lunes a viernes de 8:00am. a 5:00pm. y al (787) 474-2028
(fuera de horario laborable, 7 días a la semana)

Puerto Rico Rape Crisis Center (San Juan)
(787) 756-0910

Emergencias Sociales
(787) 743-1333
(787) 794-5750
1 (800) 981-8333

Línea de Orientación y Apoyo Familiar
(787) 977-8022
1 (888) 359-7777

Línea Nacional de Ayuda para las Víctimas de Asalto o Agresión Sexual (National Sexual Assault Hotline)
1 (800) 656-HOPE: 1(800) 656-4673
www.rainn.org

Proyecto de Ayuda a Sobrevivientes de Violencia Sexual y Doméstica Orientado a la Salud (PASOS) de las Mujeres
Centro Mujer y Salud, Recinto de Ciencias Médicas, Universidad de Puerto Rico
P.O. Box 365067
San Juan, PR 00936-5067
(787) 758-2525 x 2814.
(787) 758-2525 x 2813 ó 787-764-3707 para citas
Fax: (787) 753-0090

Centro de la Mujer Dominicana
San Juan: (787) 772-9251

Fundación Alas a la Mujer
(787) 200-5170
fundacionalasalamujer.org

Asociación Cristiana Femenina
ACF-YWCA Headquarters
905 Ponce de León Ave., Miramar, San Juan P.R. 00907
P.O. Box 10111, San Juan, P.R. 00908
(787) 724 1037
Fax: (787) 724 1037
valentin.morris.juanita@gmail.com

Línea PAS
1(800) 981-0023

Emergencia
911

Hay House
www.hayhouse.com
United States | Headquarters
Hay House, Inc.
P.O. Box 5100
Carlsbad, California 92018-5100
(800) 654-5126 Ext 2 (United States)
(760) 431-7695 Ext 2 (International)
Fax: (800) 650-5115

United States | New York
Hay House, Inc.
250 Park Avenue South
Suite 201
New York, New York 10003
(646) 484-4950
Fax: (646) 484-4956

ESPAÑA

**ANAMIB Asociación de Ayuda por Acoso Moral
en el Trabajo en España**
www.anamib.com
asociacion@anamib.com
(659) 902-189

FACEBOOK

Sobrevivientes de Abuso Sexual en Puerto Rico
Seguimiento de casos

REFERENCIAS

- Angelou, M. El abuso sexual en la infancia: Una prueba de supervivencia. Recuperado el 21 de abril de 2011, de http://www.facetahumana.com/fh0 1-abuso-sexual-en-la-infancia.html.

- Banasr, M., Dwyer, J. & Duman, R. Cell atrophy and loss in depression: reversal by antidepressant treatment. ScienceDirect, 23, 730–737 .

- Canavati, S. (n.f.). Abuso sexual en los niños: Cómo ser sanado de este torbellino. Esperanza para la familia, 0117, 1-7.

- Courtois, C. (1988). Healing the incest wound: Adult survivors in therapy. United States of America: W.W. Norton & Company.

- De Mello, A. (s.f.) Una llamada al amor. Colombia: Ediciones La Verdad.

- Ferris, J. (2011). Fearless Youth: Prozac Extinguishes Anxiety by Rejuvenating the Brain New research shows that the antidepressant reduces fear in adult mice by increasing brain plasticity. Scientific American. Recuperado el 14 de enero de 2012 de http://ww.scientificam erican.com/article.cfm? id=prozac-extinguishes-anxiety-rejuvenating-brain.

- Forrest, G. (2010). Self-disclosure in psycotherapy and recovery. United States of America: A division of Rowman & Littlefield Publishers, Inc.

- González, J. (2008). Asesinos del cerebro: bipolaridad y depresión. San Juan, P.R.: Editorial Meta.

- Hope for the Heart. (2007). Abuso sexual infantil, 07.02, 10-25.

- Jamison, K. (1995). An unquiet mind: A memoir of moods and madness. New York: Vintage Books-A Division of Random House, Inc.

- Joseph, S. & Linley, A. (2008). Trauma, recovery and growth. New Jersey: John Wiley & Sons, Inc.

- Ley para el amparo a menores en el siglo XXI, Ley núm. 177, 2003.

- Lewis, M. (1996). Child and adolescent psychiatry. United States of America: Lippincott Williams & Wilkins.

- Mahoney, M. (1977). The meaning in dreams and dreaming: The Jungian Viewpoint. Secaucus, N.J.: Castle Books.

- Neenan, M. (2011). Developing resilience: A cognitive-behavioral approach. New York: Routledge.

- Prevent abuse now. Sexual abuse statistics. Recuperado el 21 de abril de 2011 de www.prevent/abuse/now.com/stats.htm.

- Rajkowska, G. Miguel-Hidalgo, J. (2007). Gliogenesis and Glial Pathology in Depression. CNS & Neurological Disorders - Drug Targets, 6, 219-233.

- Reich, J.W., Zautra, A.J. & Stuart, J. (2010). Handbook of adult resilience. New York: A Division of Guilford Publications, Inc.

- Schwenk TL, Gorenflo DW, Leja LM. (2008). A survey on the impact of being depressed on the professional status and mental health care of physicians. J Clin Psychiatry, 69, 617-20.

- Sgroi, S. (1982). Handbook of clinical intervention in child sexual abuse. New York: The free press.

- Soliah, Y. (2003). Interpreta tus sueños: Descubre el significado de tus sueños para conocerte mejor y poder mejorar tu vida. España: Ediciones Robinbook.

- Spaccarotella, H. (2005). Adultos sobrevivientes de abuso sexual infantil intrafamiliar. Recuperado el 22 de abril de 2011, de www.tiempode victoria.com.ar

- Tasman, A, Kay, J. & Lieberman, J. (1997). Psychiatry, Volume I. Pennsylvania: W.B. Saunders Company.

- Viar, J. & Lamberti, S. (n.f.). Los adultos sobrevivientes al maltrato infantil intrafamiliar y la prescripción. Recuperado el 22 de abril de 2011, de http://www.asapmi.org.ar/publicaciones/articulos-juridicos/?id=423

Made in the USA
Charleston, SC
07 March 2014